100張圖學會
ETF穩穩賺

方天龍／著

目錄

作者序：
養大 ETF，讓它變成你的聚寶盆！ ⋯ 008

PART 1
投資 ETF 該知道的常識

1. ETF 是什麼？它有什麼交易特性？ ⋯ 014
2. 為什麼越來越多人選擇 ETF 作為資產配置工具？ ⋯ 016
3. 最經典的 ETF，有哪幾支？ ⋯ 018
4. ETF 有什麼缺點需要注意的？ ⋯ 020
5. 新手選 ETF 最好先檢查清單 ⋯ 022
6. ETF 和股票有什麼不同？ ⋯ 024
7. ETF 和共同基金有什麼不同？ ⋯ 026
8. 哪些總體經濟的因素，較能影響 ETF 的價格漲跌？ ⋯ 028
9. 投資 ETF，是只買一檔或混搭組合較好？ ⋯ 030
10. 什麼叫做「原型」、「槓桿型」、「反向型」ETF？ ⋯ 032
11. 什麼叫做「市值型」的 ETF？有哪些標的？ ⋯ 034
12. 市值型 ETF 會比高股息的 ETF 好嗎？ ⋯ 036
13. 什麼叫做「股債型」ETF？和「債券型」有何區別？ ⋯ 038
14. ETF 為什麼叫做「被動式投資」？ ⋯ 040
15. 什麼叫做「主題型」、「海外型」ETF？
    在台灣的 ETF 投資，分哪幾類？ ⋯ 042

PART 2
選擇最適合自己的 ETF

16. 好好地做股票投資，為什麼要轉戰 ETF？ ⋯ 046
17. 偏愛「長抱存股」或「愛操作短線」的人，
    分別該如何面對 ETF？ ⋯ 048
18. 什麼叫做「年化報酬率」？是否就是「年利率」呢？ ⋯ 050
19. 借錢買 ETF，是可行的嗎？值得這樣做嗎？ ⋯ 052
20. 在台灣，年輕人和即將退休者分別適合買哪一些 ETF？ ⋯ 054
21. 沒有時間看盤的上班族，如何投資 ETF？ ⋯ 056
22. 退休人士適合買什麼 ETF？ ⋯ 058
23. 假設有個即將退休的人，
    如何規畫一份「個人 ETF 投資操作守則」？ ⋯ 060
24. 面臨關稅風暴，ETF 也可能違約交割嗎？ ⋯ 062
25. ETF 有下市的風險嗎？如何降低投資風險？ ⋯ 064
26. 高股息 ETF 是什麼？為何近年如此熱門？
    高股息就代表高報酬嗎？ ⋯ 066
27. 哪一檔 ETF 最適合定期定額？
    哪一檔最適合短期操作與高填息？ ⋯ 068
28. ESG 是什麼意思？它與 ETF 投資有何關聯？ ⋯ 070
29. ETF 下單交割的時程，和股票交易有什麼不同？ ⋯ 072

PART 3
熱門 ETF 的技術線型

30. 目前最多人參與、最熱門的 10 檔台股 ETF 是哪些？ ⋯ 076
31. ETF 投資的標的，「成分股」會變動嗎？ ⋯ 078
32. 國泰永續高股息 ETF（00878）簡介，
    它最近成分股變動情況如何？ ⋯ 080

33. 觀察國泰永續高股息 ETF 的技術面和籌碼面。 ⋯ 082
34. 元大高股息 ETF（0056）簡介，
    它最近成分股變動情況如何？ ⋯ 084
35. 觀察元大高股息 ETF 的技術面和籌碼面。 ⋯ 086
36. 群益台灣精選高息 ETF（00919）簡介，
    它最近成分股變動情況如何？ ⋯ 088
37. 觀察群益台灣精選高息 ETF 的技術面和籌碼面。 ⋯ 090
38. 什麼叫做「精準高息」的選股策略？ ⋯ 092
39. 元大台灣 50ETF（0050）簡介，
    它最近成分股變動情況如何？ ⋯ 094
40. 觀察元大台灣 50ETF 的技術面和籌碼面。 ⋯ 096
41. 富邦台 50（006208）簡介，
    它最近成分股變動情況如何？ ⋯ 098
42. 觀察富邦台 50（006208）的技術面和籌碼面。 ⋯ 100
43. 最新消息：台股 ETF 不受單一成分股 30% 限制！ ⋯ 102
44. 台灣有主動式 ETF 嗎？它有什麼特色？
    適合什麼樣的人持有？ ⋯ 104
45. 技術指標對 ETF 有用嗎？型態學對買賣 ETF 有用嗎？ ⋯ 106

PART 4
面對風險反向操作的策略

46. 如何用 358 均線理論來觀察 0050ETF 的中期多空訊息？ ⋯ 110
47. 如何從多頭排列與空頭排列，來看 ETF 的多空訊息？ ⋯ 112
48. 如何從黃金交叉與死亡交叉，來看 ETF 的多空訊息？ ⋯ 114
49. 景氣榮枯時，ETF 的最佳進場時機。 ⋯ 116
50. 什麼叫做「系統性風險」？ ⋯ 118
51. 恐慌指數和系統性風險的關係 ⋯ 120
52. 「黃仁勳概念股」主何吉凶？ ⋯ 122

53. 大盤轉空時，如何投資「反向」ETF？ ⋯ 124
54. 何時是操作反向型 ETF 的好時機？ ⋯ 126
55. 即將崩盤時可選擇哪些「反向」ETF？ ⋯ 128
56. 為什麼台股崩盤時可考慮買電子或半導體類股反向 ETF？ ⋯ 130
57. 反向型 ETF 需不需要付管理費？配不配息呢？ ⋯ 132
58. 半導體 ETF 為何這麼多？如何投資它們？ ⋯ 134
59. 如何從證交所查到 ETF 的第一手數據？ ⋯ 136
60. 「e 添富」一站式 ETF 整合資訊平台是什麼？ ⋯ 138

PART 5
定期定額投資 ETF 的方法

61. 如何用「定期定額」的方法，投資 ETF？ ⋯ 142
62. 定期定額買 ETF 的一般流程是如何？ ⋯ 144
63. 什麼是定期定額的「主動下單」與「被動下單」？
    兩種方式孰優孰劣？ ⋯ 146
64. 如何規畫 ETF 的策略，包括什麼時候該進、該出、該避險？ ⋯ 148
65. ETF 股價往上時，如何善設停利點？ ⋯ 150
66. 當 ETF 價格下跌時，如何善設停損點？ ⋯ 152
67. 從哪裡可以查詢 ETF 是否配息？ ⋯ 154
68. 為什麼 0050 不列入「配息穩定型」ETF？ ⋯ 156
69. 月月領現金流好呢，還是讓資產滾存累積比較有利？ ⋯ 158
70. 「配息多一點」，還是「題材成長多一點」，
    各有什麼利弊？ ⋯ 160
71. 「現金流 vs 資產累積混搭」的投資組合 ⋯ 162
72. 有哪些台股 ETF 是年年領取股利並且可以兼賺價差的？ ⋯ 164
73. 假如每月可投資金額為 5,000 元，至今尚未持有 ETF，
    如何選擇買進較好？ ⋯ 166

74. 我想跟進一位高手朋友買的 ETF，
可否評估一下他買的五檔 ETF？ ⋯ 168
75. 五檔 ETF 的線型、位階如何？何者比較適合現在買進？ ⋯ 170

PART **6**
國內外各種 ETF 面面觀

76. 如何每月投資 2 萬元累積到千萬資產？ ⋯ 174
77. 如何參與美股的 ETF 投資？
買美股 ETF 有何好處及該注意的事項？ ⋯ 176
78. 在國內券商買海外 ETF，該怎麼做呢？ ⋯ 178
79. 每月固定投入一萬元，搭配一套「入門美股 ETF」組合 ⋯ 180
80. 統一 FANG+（00757）是怎樣的一檔 ETF？ ⋯ 182
81. 統一 FANG+（00757）的「FANG+」是什麼意思？ ⋯ 184
82. 元大 S&P500（00646）是怎樣的一檔 ETF？ ⋯ 186
83. 富邦 NASDAQ-100（00662）是怎樣的一檔 ETF？ ⋯ 188
84. 元大美債 20 年（00679B）值得投資嗎？ ⋯ 190
85. 美股 4 大指數是指哪些？為何不包括「費城半導體」？ ⋯ 192
86. 兩岸關係緊張，陸股 ETF 值得注意嗎？ ⋯ 194
87. 韓股對台灣 ETF 有影響嗎？還有哪些國家有潛力？ ⋯ 196
88. ETF 和 ETF 期貨有什麼不同？分別在哪裡買賣？ ⋯ 198
89. 元大台灣 50（0050）和台灣 50 期貨 ETF 的獲利比較 ⋯ 200
90. 0050 和台灣 50 期貨 ETF 逆勢下跌的損失比較 ⋯ 202
91. 台灣的夜盤，包括哪些 ETF 股票期貨？ ⋯ 204
92. 什麼是「大台」、「小台」、「微台」？
如何觀察它們，以便操作 ETF？ ⋯ 206

作者序

養大 ETF，
讓它變成你的聚寶盆！

　　在成為股票的專業「自營商」之前，我是報社的股票版主編和財經記者。當年我還太嫩，股票是我「邊學邊做」（學習和工作）的職責，所以常自我打趣說，我的「作品」都是用「腳」寫出來的，因為幾乎天天開著車子到處跑，每週都要腳踏實地去採訪不同的股市專家（例如各證券公司主管、投信基金經理人等），所寫的知識都是專家提供的。

　　我曾為《時報周刊》捕捉時髦動態，例如美國「樂透」彩券剛剛闖入台灣、合法身分曖昧不明時，我就奉命深入業者的公司作採訪，還曾被四名彪形大漢圍堵過，最後仍在談笑中完成任務；超市剛剛興起時，我就採訪了農產運銷公司的第一家「和平超市」，探討它與傳統市場的異同；其後，每當一個新的浪潮出現時，我就會寫一本新書，可說是勇於做時代先鋒。例如「上櫃股票」剛剛冷灶熱燒的時候，我就寫過《轉戰店頭市場》、《上櫃股票投資秘訣》；定時定額基金投資開始熱門之前，我又寫了《定時定額基金投資大全》、《定時定額基金投資手冊》等書；在中國大陸開放台灣人可以直接前往當地開立大陸 A 股帳戶、進行股票交易之前，我又寫了《用小錢賺翻中國基金》、《用小錢，大賺基金》等書。

　　直到離開報社之後，我才遠走上海閉門專心寫作各類題材的著作，同時每日至少花 10 個小時潛心研究股票學，並積極參與實戰，至少下了十餘年的鑽研功夫，終能創造出許多獨家的經驗和理論。

　　如今最夯的是 ETF，我又為了寫一本與眾不同的專書，整整做了

半年的主題研究。我的優勢是擁有 4 個免費、優質的粉絲群組（天龍特攻隊），大約 2000 位群友都是我諮詢的對象，例如「你是否參加 ETF 投資」、「你最想知道的是什麼」、「你有哪些不懂的部分」、「你有什麼操作上的問題」等，我都廣泛彙整，然後用我一貫的「淺白易懂」白話文寫出答案，所以這本書具有非常實用、好讀的特點。

交易方便、收費低，股市小白也很適合

ETF（Exchange-Traded Fund）中文譯名應為「交易所交易基金」，凡是任何形式、可以在股市直接買賣的基金，通稱 ETF。不過，台股業內人士習慣稱為「指數型基金」，是因為 ETF 早期主要追蹤指數。然而，如今看來這種稱呼並不精確，因為並非所有 ETF 都是指數型的，現在的 ETF 市場已非常多元，包含：主動型 ETF、主題型 ETF、債券 ETF、槓桿 ETF、商品 ETF 等。當然，本書的內容仍然以討論熱門的股票指數型基金為主。

至於 ETF 的源起，可追溯到 1980 年代，市場風氣越來越傾向於「被動式投資」，尤其是追蹤市場指數的投資方式。當時的「共同基金」雖然能做到類似的功能，但流動性差、交易限制多，無法像股票那樣方便買賣。

1989 年，加拿大首創 ETF 實驗雛形，它追蹤標的是加拿大 TSE-35 指數，雖然技術上不被視為正式的 ETF，但這是最早的實驗性產品。

1993 年，第一檔正式的 ETF（SPDR S&P 500 ETF Trust，代號：SPY）在美國紐約證券交易所誕生，它追蹤的標的是 S&P 500 指數，SPY 至今仍是全球最大的 ETF 之一。

直到 2000 年代，ETF 才開始在亞洲、歐洲市場出現（如香港、台灣、日本等）。

ETF 為什麼近年會逐漸熱門？主因是它可以像股票一樣隨時自由交易，而且費用低廉（比主動型基金便宜），透明度也高（通常每日

都會揭露持股情況），同時，它還可以分散風險，追蹤整體市場或某一產業的漲跌，相當適合上班族投資。

ETF 所以適合一般的投資人，是因為即使不會選股也能開始進行──甚至只有幾百元就能入門；忙碌上班族更可以感受到它的好，即使沒時間看盤，又想投資理財，ETF 就是最佳選擇。至於有股票操作經驗的人，想做資產配置，讓投資更穩、更分散風險，也不難辦到。任何穩健型投資人不必追求短線暴利，就能穩穩賺到長期的高報酬。

ETF 不是用來猜漲跌，而是要把錢滾大

2025 年 4 月 7 日，台股發生史上最大單日跌幅，在美國總統川普宣布對台灣課徵 32% 關稅後，台灣加權股價指數（TWII）重挫近 10%，主要針對台灣對美國的貿易順差，市場出現恐慌性拋售。台積電與鴻海等大型電子股股價暴跌約 10%，觸發市場熔斷機制。尤其不到兩天之內，股市忽而又從「全面跌停」變成「全面漲停」。真讓新手無所適從！

這對 ETF 投資人來說，有相當直接且深遠的影響，尤其是投資「指數型 ETF」的人。主因是 ETF 原為「被動追蹤市場」的工具，大多數台灣 ETF（如 0050、0056、006208 等）是被動追蹤某個指數的，例如：0050 追蹤台灣 50 指數，成分股包括台積電、鴻海等。當大盤（如加權指數）大跌，ETF 淨值自然也會跟著重挫。

2025 年 4 月 7 日這種「史詩級」的崩跌，讓大多數 ETF 同步遭殃，幾乎無一倖免。就連高股息 ETF 投資人也飽受驚嚇影響，例如高股息 ETF（如 0056、00878）在近年受到許多存股族歡迎，但在這種市場大跌日，就算股息很吸引人，價格也受到波及。許多高股息 ETF 成分股如金融股、電信股，也會受整體拋售潮連累。部分投資人可能緊張地賣出持有部位，引發更多贖回與價格的下殺！然而，當股市強烈反彈時，又眼睜睜地看著它慢慢再漲上來而非常後悔！

所以，相關知識的吸收，不可缺乏。本書就在於為您指點迷津。尤其行情波動更劇烈的時候，懂的人甚至可以利用反向型 ETF 進行短線操作而獲利豐碩。

　　但嚴格來說，ETF 不是讓你「一夕致富」的工具，而是「穩穩走遠路」的夥伴。正如買房或種樹一樣，都是靠時間慢慢累積成長。對於「還沒開始投資 ETF」的人來說，先了解自己的屬性，然後選擇你看得懂的 ETF，並且採用定期定額，減少買在高點的風險，同時做好「短線帳面虧損是常態」的心理建設，遇股災時就不至於手忙腳亂。

　　對於「已經持有 ETF」的人來說，不妨藉用本書重新檢視持有的 ETF 是否符合風險承受度；從驚悚的「全面跌停」變成罕見的「全面漲停」，我們可以領悟到，除非生活上急需資金，否則下跌時不要慌張賣出，才不會「兩邊挨巴掌」（先是因跌停賣不掉，接著又被軋空到漲停）。如果還看好長期市場，逢低加碼、定期定額仍是有效策略。其次，避免重壓某一類型 ETF，最好持有 2 到 3 種不同類型分散風險。畢竟 ETF 價值是長期建立的，不是短期波段的賭注。ETF 不是拿來猜漲跌的，而是要把錢滾大！

方天龍

與作者聯絡：

方天龍專用信箱：robin999@seed.net.tw

方天龍臉書網址：https://www.facebook.com/profile.php?id=61554671011769

PART 1

投資 ETF
該知道的常識

T

01

ETF 是什麼？
它有什麼交易特性？

　　ETF 是 Exchange Traded Fund（交易所交易基金）的簡稱，簡單來說，它是一種在證券交易所上市、可以像股票一樣自由買賣的基金。股票和共同基金的特點，它兼而有之，例如像股票一樣，在交易所掛牌，可以在股市開盤時間內隨時買進賣出，價格也隨市場波動而變化。同時它也和共同基金一樣，是一籃子資產的集合（可能是股票、債券、大宗商品、指數等）。

買賣價差小，進出方便

　　除此之外，ETF 投資也具備多樣化的特性。一檔 ETF 通常包含很多資產（例如台灣 50 ETF，就包含台灣市值最大的 50 家公司），所以它能有效分散風險。

　　相對於主動型基金，ETF 屬於被動型，通常追蹤某個指數（如台股加權指數、美股 S&P 500），所以管理費、手續費較低。除了一些冷門股，一般的流動性都還不錯，買賣價差小，進出方便。很多 ETF 還可以融資融券，以便做多或做空。ETF 也有分紅機制，例如有些 ETF 會配息（例如每季或每年分紅），也有些是不配息而直接讓資產成長的。

ETF 的交易特性

特性	解說
可像股票一樣即時交易	ETF 是在證券交易所掛牌上市，具備和股票相同的交易機制（用股票戶就能買賣），不必另外開戶
門檻低	價格不像基金那麼貴，有些 ETF 一張只要幾百元，而且管理費低，小資族也買得起
費用較低	大多 ETF 是屬於被動式管理方式，追蹤某個指數，所以無需主動挑選個股、分析，因此不需高額管理費
投資多樣化	ETF 是一籃子資產的集合（例如 50 家公司股票），單筆投資就能分散資產配置，非常有效率
透明度高	ETF 每天都會公布持股內容，不像主動基金可能一季才揭露一次。相對來說，資訊公開透明
可以融資融券	由於 ETF 具備股票特性，可以被券商納入信用交易範圍，因而操作靈活
有配息機制	某些 ETF 設計目的就是追求股息收益（如高股息 ETF），所以會定期分紅。這得視 ETF 情況而定
視標的表現而定	ETF 是設計來追蹤特定指數或資產的報酬率，如台灣 50、美股 S&P500、黃金、原油等，所以標的表現很重要

表 1-1 ETF 的交易特性　　　　　　　　　　製表：方天龍

015

02

為什麼越來越多人選擇 ETF 作為資產配置工具？

從前有個上班族，因為下大雨時沒帶傘，結果淋雨感冒還遲到，被老闆唸了一個禮拜。於是，從那天起，他發誓再也不要被雨打敗！

他買了一把非常高級的大傘，然後將這把傘放在辦公室，以為如此就「未雨綢繆」了。不料，某天他在家準備出門時，突然下起大雷雨，而他的那把傘還躺在公司，結果又淋成落湯雞。他終於悟出「分散風險」的重要了。後來乾脆買一把小的「可折疊傘」放在包包裡，這樣就真的萬無一失了。

投資一檔 ETF，等於間接投資了整個市場或某產業

時至今日，任何有過投資經驗的人都知道，「分散風險」迫切需要。為什麼越來越多人選擇 ETF 作為資產配置？主要是它本身就是追蹤某個指數（例如：美股 S&P 500、台灣 50 指數），裡面包含了很多股票或債券。投資一檔 ETF 就等於間接投資整個市場或某個產業，大幅分散了個股風險。不只如此，它還有成本低廉、流動性高、資訊透明、多元選擇、種類豐富等各種優點，所以近年來喜愛 ETF 作為資產配置的人越來越多了。這就好像前述故事的「可折疊傘」一樣，並不需要買那麼多把傘。

ETF 的優點與好處

優點	解說
分散風險	ETF 通常是追蹤某個指數（例如：美股 S&P 500、台灣 50 指數），裡面包含了很多股票或債券。投資一檔 ETF 就等於間接投資了整個市場或某個產業，大幅分散個股風險
成本低廉	相較於主動管理的基金（如共同基金），ETF 屬於被動型管理，不需要基金經理頻繁操作，因此管理費用（Expense Ratio）通常很低，長期下來可以省下不少成本
流動性高	ETF 在交易所上市，可以像股票一樣在股市開盤時間內隨時買賣，流動性強、操作彈性高，這讓投資人更容易進行調整，或把握市場機會進出
資訊透明	大多數 ETF 會每天公開持股明細，我們可以清楚知道自己買了些什麼。相較之下，有些主動型基金的持股資訊更新緩慢、不透明，投資 ETF 明顯較為有利
多元選擇	風險分散、成本低，加上投資門檻低（可以一股、一股地買），很適合做長期資產配置或退休規劃，也很適合採取「定期定額」的方式投資
種類豐富	不論是想投資股票、債券、原物料、甚至是特定產業（例如 AI、綠能、金融等），ETF 可以有很多選擇機會，我們可以依照風險偏好或市場趨勢靈活配置

表 2-1 ETF 的優點與好處　　　　　　　　　　　製表：方天龍

03

最經典的 ETF，有哪幾支？

在台灣，說到最經典、最受投資人喜愛的 ETF，0050（元大台灣 50）、0056（元大高股息）這兩檔可以說是「ETF 界的明星」，不論是規模、成交量、追蹤標的或穩定性，都很有代表性，同時它們也較廣為人知。0050 是投資台灣市值最大的 50 檔股票（像台積電、聯發科、鴻海等），它追蹤的是台灣 50 指數。而 0056 則是選出配息率高、殖利率穩的台股成分股，它追蹤的是台灣高股息指數。

長江後浪推前浪，新興 ETF 層出不窮

時至今日，由於 ETF 廣受歡迎，新的 ETF 已經越來越多了。例如 00878（國泰永續高股息），便是近年竄紅的後起之秀。它追蹤的是 MSCI 台灣永續高股息精選 30 指數，選股更注重 ESG 永續、品質穩定，且每月配息。適合族群：喜歡穩定配息＋ESG 理念的長期投資人。

006208（富邦台 50）則是 0050 的競爭對手，也是追蹤台灣 50 指數，但價格比較親民（淨值較低），頗適合想投資台灣大型股，但手上資金有限的人。此外，有「美股科技 ETF」之稱的 00662（富邦 NASDAQ-100），則是適合看好美國科技產業、想參與美股行情的投資人。

圖 3－1　追蹤台灣 50 指數的「元大台灣 50」（0050）　　　　資料來源：XQ 全球贏家

圖 3－2　追蹤台灣 50 指數的「富邦台 50」（006208）　　　　資料來源：XQ 全球贏家

PART 1　投資 ETF 該知道的常識

019

04

ETF 有什麼缺點需要注意的？

雖然 ETF 近年很熱門，但就像任何投資工具一樣，它也有一些潛在的缺點與風險，絕對不能只看好處。

首先，ETF 普遍的漲幅可能「不如個股」那麼強，因為它們是打包一籃子的股票，成為投資內容。雖然風險低，但同時它的報酬也會因被「平均化」，而不容易有「飆股」等級的報酬。舉例來說，如果台積電漲了 50％，但你買的 ETF 裡它只占 5％，那麼你實際上只能分享到一小部分漲幅。

買 ETF 就不會跌？不，還有可能被清算下市

其次，買 ETF 還有可能會被套牢！很多人以為買 ETF 就不會跌，其實是大錯特錯的！ETF 也是股票交易品，跟大盤或指數走勢連動，所以在空頭市場還是會跌。萬一遇金融危機，也一樣可能腰斬，甚至長期套牢。尤其選錯 ETF，報酬差很大。而且有的 ETF 流動性差、內容老舊、追蹤表現不佳，買了可能報酬低、還難出場。有些 ETF 規模太小買賣不易、成本偏高（價差大），還有可能被清算下市的風險。所以，選 ETF 之前，還是要稍微研究它的追蹤指數、成分股、規模等。

買 ETF 的缺點和風險

缺點	解說
報酬平均化	它屬於一籃子股票的集合，成分股裡有強有弱，平均之後，只能求穩穩賺。買它不會有飆股一般的快感
勿期望過高	既然它會跟大盤或指數走勢連動，自然會隨大盤的漲跌一般起起伏伏。萬一表現不佳，一樣會跌
良窳不齊	市場上有上百檔 ETF，不是每一檔都適合你、或都表現好。有的可能報酬率很低，甚至還難出場
操作不靈活	它是被動追蹤指數，不會像主動型基金一樣「看情勢調整持股」。所以，如果某產業突然變差，相關股票仍會繼續存在
規模小風險高	有些 ETF 的「規模太小」、「成交量低」，會有買賣不易、成本偏高（價差大），而有可能被清算下市的風險
有額外費用	雖然 ETF 管理費比一般基金低，但每年還是會收取「管理費」和「保管費」，尤其是主題型、槓桿型 ETF，費用偏高，長期影響也不小

表 4-1 買 ETF 的缺點和風險　　　　　　　　　　製表：方天龍

05

新手選 ETF 最好先檢查清單

你買的 ETF 類型明確嗎？新手為避免墜入陷阱，最好先確認它追蹤的指數是屬於哪一類：是大盤？高股息？主題型？債券型？槓桿型？不弄清楚哪一種類型，就不知道風險在哪裡。

不要跟著別人買，而要買你了解、相信的 ETF。大部分 ETF 的資訊，在台灣都很透明。你不妨到它的官網看看它是否列出持股內容與比例，然後進行了解。如果成分股不公開，那我們就無法判斷有沒有風險。

綜合檢討規模、機制、績效，然後才出手

在進行了解的時候，需要注意的事項很多。例如它的規模夠大嗎？最好挑選規模超過 50 億台幣的 ETF。太小的 ETF 容易流動性差、甚至下市。最好找較大型公司發行的，比較可靠。太小的公司容易出問題，甚至關閉 ETF。

其次，還要了解「有配息機制嗎」、「管理費合理嗎」、「指數內容合理嗎」，最後再觀察它長期績效是否穩定？至少看過 3 至 5 年報酬率，有穩定上升或抗跌的 ETF，就比較安心。

新手設定出手前檢查清單

檢查事項	解說
發行公司可靠嗎？	選擇元大、富邦、國泰、群益、兆豐、永豐等較大公司發行的產品，比較有保障
ETF 規模夠大嗎？	太小的 ETF 容易產生「流動性」差的問題，最好選規模超過 50 億台幣的 ETF
交易會太冷門嗎？	觀察它每日成交量是否穩定在 5,000 張以上，否則買賣進出困難，就容易踩雷
成分股有公開嗎？	一般 ETF 官網，都有列出持股內容與比例，看看是不是與你想要的方向相同
有配息機制嗎？	想領息的要看配息頻率（是每月，還是每季配息），以及它的殖利率穩定性如何
管理費用高不高？	ETF 一般年費應該低於 1%，超過就要小心，特別是主題型或槓桿型，手續費貴，長期下來會吃掉報酬
長期績效如何？	評估 3 到 5 年的績效表現，報酬率如果能穩定上升或在行情不好時能夠抗跌的，就很不錯

表 5-1　新手設定出手前檢查清單　　　　　　　　　　製表：方天龍

06

ETF 和股票有什麼不同？

從「投資標的」的本質上來說，ETF 和股票根本就是兩碼子事。「股票」代表你看中某一家公司，買它一張股票，就等於買進這家公司的股權。例如買鴻海的股票，就是認同它單一的公司。而「ETF」卻不一樣，它是一種基金，裡面包含很多不同的股票、債券或其他資產。買一個 ETF 就像是一次買進一籃子的股票。例如買「元大台灣 50 ETF」（0050），就等於同時投資台灣前 50 大上市股票，包括很多很多的公司。

投資目的、策略、報酬、風險都不相同

從「風險」和「報酬」來說，股票是單一公司，表現會大幅影響股價，波動較大、風險較高，但如果公司表現好，報酬也可能很高。從其中，很容易找到飆股。ETF 卻因為分散投資多家公司，風險較低、波動較小，但相對報酬也較穩健，不容易有大起大落。買 ETF 的人心中想的是「穩穩賺」就好。另一方面，股票是不需要基金經理人操作的，而是由你自己買賣。ETF 雖然有經理人設計內容，但大部分是被動式管理，所以多了一點管理費用。兩者的投資目的和策略都不一樣。

ETF 和股票的異同

	ETF（指數型基金）	股票（個別公司）
投資標的	一籃子股票（或債券、大宗商品）	單一公司
風險程度	分散風險，波動較低	風險集中，易受單一事件影響
報酬潛力	穩健型報酬，較難大賺	若公司表現好，有可能獲得高報酬
操作方式	和股票一樣，用證券帳戶就能買賣	同樣用證券帳戶買賣
需要選股能力？	不太需要，ETF自帶成分股	需要自己判斷公司好壞
配息機制	部分有固定配息（如高股息ETF）	看公司政策，有些配息、有些不配
交易時間	ETF和股票的交易時間是一樣的	股市開盤時間內可自由買賣
管理費用	每年會扣一點管理費（0.2%~1%）	沒有管理費
研究門檻	相對簡單，只需挑對ETF類型	需要看財報、產業前景、消息面等
適合對象	新手、小資族、沒時間盯盤者	有經驗、喜歡研究個股、能承擔高風險者

表6-1 ETF和股票的異同　　　　　　　　　　　　　　製表：方天龍

07

ETF 和共同基金有什麼不同？

很多人常會把 ETF（指數型基金）和共同基金搞混，雖然這兩者都叫「基金」，但實際上差別很大。以下舉個例子：

在我住家附近有一間大型自助餐店，它的菜色很多（大約有 80 道菜），每當我去的時候，就選我所喜愛吃的菜裝成一個便當，帶回家享用，這就好比是 ETF（一籃子的股票）。當年上班的時候，公司有供應早餐，都是由團體訂購送來公司，每個人吃的都是一樣的。這就好比是共同基金，內容是別人幫你配好的預約制便當。

ETF 可以自己操作，共同基金假手他人

ETF 靈活透明又便宜，像是「自己選擇、自己管理」的投資；而共同基金則是「交給經理人打理」，適合完全不想管的人。哪一種適合你呢？ETF 當然適合喜歡自己選股操作的人；共同基金適合懶得研究者。這兩者都可以用定期定額長期存錢，ETF 在追蹤某一類市場（例如台股、AI、美債等）時，選擇比共同基金多，資訊也比較透明。

ETF 和共同基金的異同

	ETF（交易型基金）	共同基金（一般基金）
買賣方式	像股票一樣「隨時可以交易」	透過銀行或投信申購／贖回（無法即時成交）
交易時間	股市開盤時間內皆可買賣	一天只有一次淨值，需等到收盤後成交
價格形成	根據市場供需即時浮動	根據每日淨值計算，非即時價格
投資門檻	可一張張買（甚至零股），門檻低	通常有最低申購金額（如1萬或3千元）
透明度	每天公布成分股，透明度高	多為季報或月報揭露持股，資訊更新較慢
管理方式	多為「被動式管理」，追蹤指數	多為「主動式管理」，有經理人選股操作
手續費用	需支付證交稅、交易手續費，另有小額年管理費	通常有「申購／贖回費用」，年管理費可能偏高（1%至2%）
適合族群	喜歡自己操作、熟悉股市、新手定期定額者	想完全交給專業經理人操作、不想煩惱的人

表 7-1　ETF 和共同基金的異同　　　　　　　製表：方天龍

08

哪些總體經濟的因素，較能影響 ETF 的價格漲跌？

在財經領域，「總體經濟」是指整體國家或全球經濟的運作狀況，它不是只看某一家企業或某個產業，而是看整個經濟體的「大方向」。「總體經濟」和「ETF」的漲跌關係非常密切，掌握這些概念會讓你的投資更聰明。看總體經濟，主要看 GDP（國內生產毛額）、通膨（CPI）、利率（中央銀行的政策）、失業率、匯率等幾個面向。這些方面，都能影響 ETF 的價格表現。

升息、通膨、三率，都牽動金融市場

ETF 是一籃子資產，而資產的價值就會受到總體經濟的波動影響。例如：經濟成長好的時候，ETF 通常會跟著上漲（尤其是股票型 ETF）。至於利率上升時，債券 ETF 會下跌，成長股 ETF（例如科技股）未來的利潤折現價值降低，科技型 ETF 也會下跌。它們對利率是非常敏感的。

當通膨飆升時，金融市場波動大，央行升息，股市壓力也大。此外，匯率波動時，海外 ETF 報酬會受影響。總體經濟有如股市的「天氣預報」一樣，天氣好（經濟好），ETF 容易上漲；天氣差（經濟衰退），ETF 就可能下跌。

ETF 價格受總體經濟因素影響

	說明	對 ETF 影響
利率	政府升息／降息，會影響資金成本	股市 ETF：升息不利、降息利多 債券 ETF：升息會跌，降息會漲
通膨	物價上漲壓力，會讓央行升息來打壓通膨	股市 ETF：溫和通膨 OK，但過高→利空 債券 ETF：高通膨＝利空
經濟成長率	國家的 GDP 增長情況	經濟好→股市 ETF 受益 經濟差→防禦型或債券 ETF 受益
失業率	代表經濟動能是否健康	高失業率→市場信心下滑，股市型 ETF 表現可能轉弱
聯準會動向	美國聯準會升息／降息／發表談話都會震撼市場	對全球 ETF 有直接影響，尤其是美股、美債型 ETF
匯率變動	台幣、美元升貶影響海外 ETF 的「折算價格」	台灣人買美股 ETF，台幣升值→報酬會打折
地緣政治	戰爭、兩岸局勢、美中貿易、選舉等	主題型 ETF（如科技、軍工）影響更大
原物料價格	油價、金屬、糧食價格波動	商品 ETF 直接受影響，如石油 ETF、黃金 ETF

表 8-1 ETF 價格受總體經濟因素影響　　　　　　製表：方天龍

09

投資 ETF，是只買一檔或混搭組合較好？

這是一個超級實用的問題，很多想要投資 ETF 的人都會問：「我到底該只買一檔好，還是多檔搭配好？」答案其實沒有絕對，這兩種做法各有優缺點，你最好能根據自己的情況來選擇最適合的方式。先說結論吧！剛開始時可以先只買一檔做核心，然後培養一些經驗，等本金累積多了，再慢慢加碼其他 ETF，弄成混搭的組合，例如加一點海外、債券、主題型 ETF，慢慢建立自己的投資組合。這樣的做法，基礎比較穩定。

只買一檔或混搭組合，各有利弊得失

選擇「只買一檔 ETF」，就不必要有配置觀念，適合新手上路。而且帳戶裡乾淨清楚，一目了然。同時它的成本低，只要關注一檔 ETF 的管理費、配息狀況而已。但缺點是風險太集中，如果該 ETF 主題不如預期（如高股息不高、科技股回跌），整體績效也會受影響。至於選擇「混搭多檔 ETF 組合」，除了分散風險還可以策略運用，更貼近財務目標。缺點則是必須定期追蹤、微調比例；萬一買太多就有如「集郵」似的，只是好玩，卻失去資產配置的意義。

只買一檔 ETF 的利弊

優點	❶超簡單：完全不需要配置觀念，適合新手上路
	❷好管理：帳戶裡乾淨清楚，一目了然
	❸成本低：只需關注一檔 ETF 的管理費、配息狀況
缺點	❶集中風險：若該 ETF 主題不如預期（例如高股息不高、科技股回跌），整體績效將會受到影響
	❷無法平衡風險與報酬：缺乏多元配置，遇震盪不易抗跌

表 9 - 1　只買一檔 ETF 的利弊　　　　　　　　　　　　　製表： 方天龍

混搭多檔 ETF 組合的利弊

優點	❶分散風險：不依賴單一市場或主題，更抗波動
	❷策略彈性：可以搭配「成長＋收益」、「國內＋海外」、「股票＋債券」
	❸更貼近財務目標：例如：存退休金、育兒基金、旅遊計畫等
缺點	❶需要管理：得定期追蹤、微調比例
	❷太多會亂：買太多反而變成「集郵」，失去配置意義

表 9 - 2　混搭多檔 ETF 組合的利弊　　　　　　　　　　製表： 方天龍

10

什麼叫做「原型」、「槓桿型」、「反向型」ETF？

在投資 ETF 時，我們常常會看到所謂的「原型」ETF，這是什麼呢？其實這就是原汁原味、「一般型」的 ETF，也就是追蹤指數漲跌 1 倍的漲跌幅，當大盤（台灣加權指數）某一天大漲 3% 的時候，它就會跟著漲約 3%；大盤跌 1% 時，它也會跟著跌 1%。例如 0050 就是一種「原型」的 ETF。這種類型的 ETF，滿適合新手或長期投資的人。這是穩健投資者的首選！

開槓桿或反向，也可和大盤走勢較勁

另外有一種叫做「槓桿型」的 ETF，就是「開槓桿」，讓指數漲跌幅放大，例如大盤漲 1%，它卻大漲 2% 或 3%，甚至是 4% 到 6%。如果大盤要是跌 1.5%，它的跌幅也會跟著放大，跌 3% 到 4.5%。短線高手、積極操作者，多半喜歡這種類型的 ETF。

還有一種叫做「反向型」的 ETF，是跟指數「反著走」，例如大盤跌 1%，它卻漲 1%；大盤漲 2% 時，它可能會跟著跌 2%。想放空或避險的人，多半選擇這一類型的 ETF。「槓桿型」或「反向型」，都不適合長期持有。槓桿型通常帶有「L」字 → 像「00631L」（元大台灣 50 正 2）。反向型會看到「R」字 → 像「00632R」（元大台灣 50 反 1）。

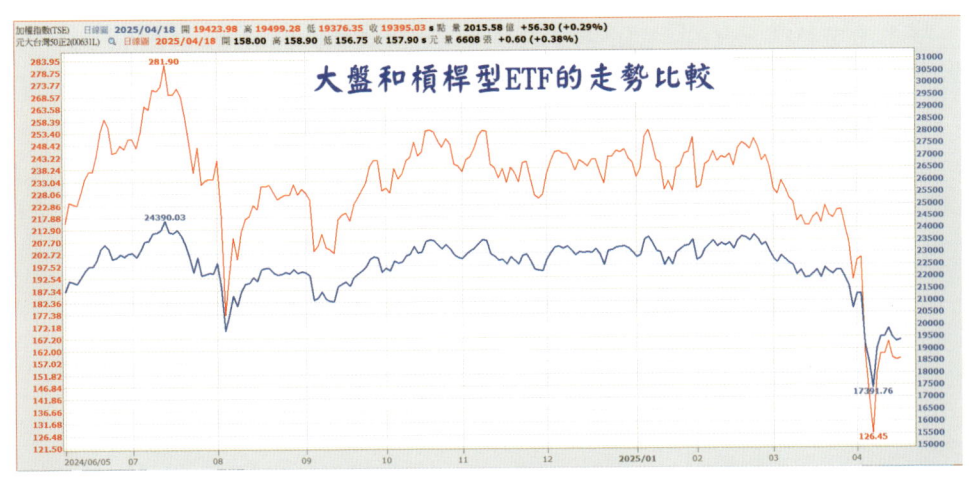

圖 10－1 「00631L」（元大台灣50正2）與大盤走勢比較　　資料來源：XQ全球贏家

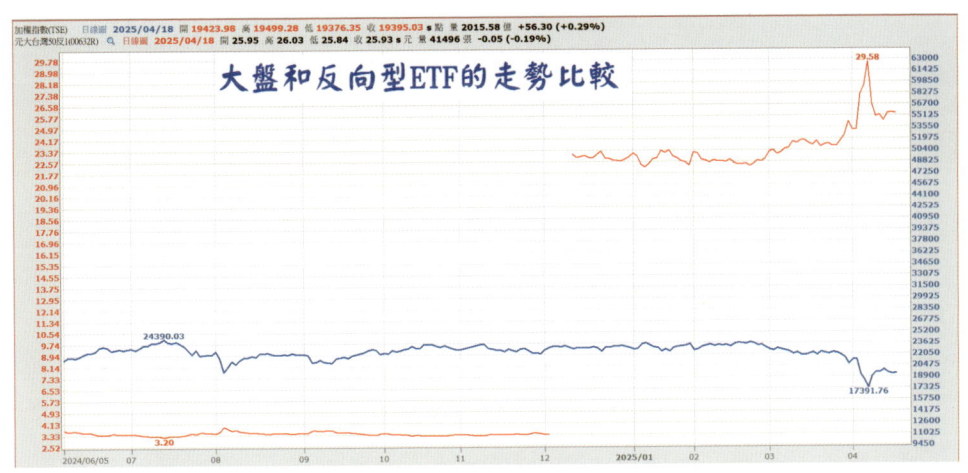

圖 10－2 「00632R」（元大台灣50反1）與大盤的走勢比較　　資料來源：XQ全球贏家

11

什麼叫做「市值型」的 ETF？
有哪些標的？

「市值型」ETF 是按照股票市值來分類和加權的 ETF，通常根據公司市值的大小來選擇投資對象，並將權重較大的股票放在指數的前排。

根據市值的不同，這類 ETF 可分為三類，例如大市值（Large Cap）ETF：投資於市值較大的公司，這些公司通常是穩定的績優股，具有較高的市場分額和穩定的財務表現。中市值（Mid Cap）ETF：投資於市值中等的公司，這些公司通常比大市值公司具有更大的增長潛力，但風險也相對較高。小市值（Small Cap）ETF：投資於市值較小的公司，這些公司通常成長潛力較大，但波動性和風險也較高。

市值大的公司，占比例更大

市值型 ETF 的運作原理是根據每家公司市值的大小來決定其在 ETF 中的權重。例如，市值較大的公司可能在 ETF 中占有更大的比例，而市值較小的公司則占較小的比例。換句話說，市值型 ETF 的目標是追蹤一個特定市值範疇的股票表現。台股裡比較熱門的「市值型」ETF，包括有元大台灣 50 ETF（簡稱 0050）、元大 MSCI 台灣 ETF（006203）等。

簡介三種「市值型」ETF

名稱	概述	優缺點
元大台灣 50 ETF（0050）	它是台灣最受歡迎的市值型 ETF 之一，追蹤的是台灣股市中市值最大的 50 家公司，這些公司大多數是台灣的績優股。通常表現較為穩定	優點是高市值、穩定性強、分散風險、透明度高，且操作規模大、流動性好 缺點是過度集中於大型股，對於尋求小型成長型公司的投資者來說，這檔 ETF 可能無法提供足夠的增長潛力
富邦台 50 ETF（006208）	它是追蹤台灣 50 指數，基本上反映了台灣整體股市的表現，因此該 ETF 的成分股不僅限於大型股，還包含了一些中小型企業	優點是涵蓋面廣，不同於專注於 50 大市值股票的 ETF，它涵蓋了台灣股市的整體，包括大型、中型及小型企業，因此能夠反映台灣股市的全貌。長期來看具有一定的穩定性，流動性也很好。 缺點是過度依賴台灣的經濟表現，所以很容易受到台灣市場波動的影響
元大 MSCI 台灣 ETF（006203）	它是追蹤 MSCI 台灣指數的 ETF，該指數是由 MSCI（摩根士丹利資本國際）編制，專注於反映台灣股市中的大型市值股票，主要投資於台灣市場中的優質企業	優點是國際化的指數編制，可以讓投資者間接參與 MSCI 對台灣市場的認可與評價。此外，該 ETF 主要集中於台灣的頂尖企業，這些公司通常具備較強的競爭力和良好的發展前景，市場市場透明度也高 缺點是市場集中度高：與其他市值型 ETF 類似，成分股仍然集中於大型企業，因此可能無法充分捕捉台灣中小型企業的增長潛力

表 11-1　簡介三種「市值型」ETF　　　　　　　　　製表：方天龍

12

市值型 ETF 會比高股息的 ETF 好嗎？

市值型 ETF 的代表約有 0050（元大台灣 50）、006208（富邦台 50），高股息型 ETF 的代表則有 0056（元大高股息）、00878（國泰永續高股息），以及 00929、00919、00940 等，它們各有各的特色。一般來說，市值型 ETF 適合長期成長、穩穩滾出資產；高股息 ETF 適合有領息需求的人，但以報酬率來說，高股息型 ETF 可能不如市值型。

站在成長潛力來看，高股息型略遜一籌

市值型 ETF 的特色是：挑選台灣市值最大的公司（通常也是最賺錢、影響力最大的），根據公司「市值大小」決定持股比重，因而隨著股市成長，這些大型企業也會持續壯大。而高股息型 ETF 的特色則是：挑選配息多、殖利率高的股票，並強調「穩定配息」、「存股族最愛」，通常比較偏重傳產、金融、電信這些息穩但成長慢的產業。

由於許多高股息股是「老企業」、「成長已趨緩」，所以不是每家公司每年都穩定配息，而市值型 ETF 企業成長潛力大，通常不為配息而犧牲成長。站在優勝劣汰的角度，市值型 ETF 顯然比較好。

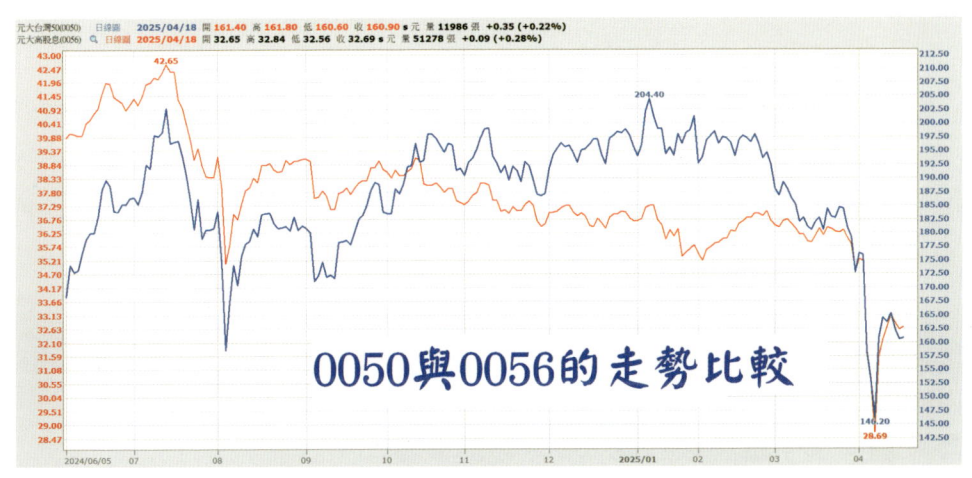

圖 12-1　0050（市值型 ETF）與 0056（高股息型 ETF）的走勢比較

資料來源：XQ 全球贏家

13

什麼叫做「股債型」ETF？和「債券型」有何區別？

有個媽媽為孩子準備便當，孩子有喜歡吃葷菜（例如雞腿、排骨）的，也有只喜歡素菜。由於考量營養均衡，於是兩方面都顧全，也就是兩種菜餚都有。這就好像「股債型」的ETF，可以想像成是一個「豐盛的便當」，裡面裝著很多股票或債券。股債ETF就是這個便當裡，有雞腿也有蔬菜──同時包含了股票（股）和債券（債）的ETF。至於債券型ETF就是由一籃子「債券」組成的ETF，幫你打包好債券，讓你像買股票一樣輕鬆投資債券。

「股＋債」或純債券型，安全性都很高

「股債型」ETF既然是「股＋債」，自有分散風險的作用。股票漲時靠成長，債券跌時靠穩定收益，報酬穩定，投資人會較安心，尤其退休、定存族更適合。當我們年紀漸長時，會需要降低資產波動、保住本金。由於可保本、領息，所以心臟不強、不想天天看盤的人也很適合。至於「債券型」ETF的特色，就是可像股票一樣交易、在股市中買賣，流動性高（不像傳統債券需銀行處理），因為是國家發行的債券，安全性高，通常很抗跌（比股票波動小），投資門檻也低（幾千元就可買）。

ETF 的簡易分類

類型	內容物	特點
股票型 ETF	裡面裝的都是股票	成長性高、波動大
債券型 ETF	裡面裝的都是債券	穩定、風險低、收益相對較保守
股債型 ETF	同時包含股票＋債券	平衡報酬與風險，適合穩健型投資人

表 13-1　ETF 的簡易分類　　　　　　　　　　製表：方天龍

股票型與債券型 ETF 搭配舉例

【股票型 ETF】（配成長）

ETF 代號	名稱	特點
0050	元大台灣 50	台股市值龍頭
00878	國泰永續高股息	配息穩定，人氣超高
00929	復華台灣科技優息	高股息＋科技股

【債券型 ETF】（配穩定）

ETF 代號	名稱	特點
00772B	中信高評級公司債	穩健型公司債，波動小
00888B	國泰 10Y+ 金融債	長天期，利率敏感、波動略高
00937B	群益 ESG 投等債 20+	ESG 主題，殖利率高、吸金王
00687B	國泰 20 年美債	美國長債，避險與息收並重

表 13-2　股票型與債券型 ETF 搭配舉例　　　　製表：方天龍

14

ETF 為什麼叫做「被動式投資」？

ETF 被稱為「被動式投資」，主因它不是自己選股、不預測市場，只是追蹤一個指數表現。簡單來說，ETF 就像買了一整籃的「指數成分股」，不管市場怎麼震盪，它都「被動地」照著指數內容去調整。以台灣最熱門的 ETF——0050（元大台灣 50）為例：它追蹤的就是「台灣 50 指數」，這個指數就是台灣市值最大的 50 家上市公司（包括台積電、鴻海、聯發科等），不論指數怎麼變，ETF 就怎麼調整持股，不會主動加減碼或改選股邏輯。

被動跟指數走，不求贏市場，只求穩穩賺

你買 0050，就等於「跟著台灣前 50 大公司」一起成長，不用自己選股、盯盤，這就是所謂的「被動式投資」。那什麼是「主動式投資」？現今 ETF 中，也有主動型的 ETF。所謂「主動投資」就是指：有基金經理人或你自己「主動選股」，企圖打敗市場。例如你自己選擇「我要買 AI 概念股」、「我要放空金融股」等，這種就是主動投資，如果做得好，是有可能賺比較多，但風險也高，因為需要較高的功力、花時間判斷。

被動式 vs 主動式 ETF

	被動式投資（ETF）	主動式投資（選股／主動基金）
操作方式	追蹤指數，定期調整	挑股票，買進賣出、靈活操作
管理費用	比較低（0.2%至0.6%）	較高（主動基金可能1%至2%）
投資難度	簡單，新手也能上手	難度高，需研究與判斷力
表現穩定性	長期穩健，與市場接近	有可能贏過市場，也可能輸慘
適合對象	忙碌族、新手、穩健投資者	喜歡研究、追求高報酬的高手

表 14-1　被動式 vs 主動式 ETF　　　　　　　　製表：方天龍

15

什麼叫做「主題型」、「海外型」ETF？在台灣的ETF投資，分哪幾類？

現今的 ETF 非常夯，單單以在台灣的 ETF 投資來說，約略可分為以下六大類：❶大盤型 ETF：例如 0050、006208。❷高股息型 ETF：例如 0056、00878、00919、00929。❸產業主題型 ETF（題材型）：例如 00881、00929、00830。❹海外型 ETF（全球配置）：例如 00662、00646、00851。❺債券型 ETF：例如 00772B、00850B。❻反向／槓桿型 ETF。例如 00632R（反 1）、00631L（正 2）。

「海外型」ETF 有匯率的風險

至於「主題型」ETF，是聚焦某個產業或趨勢題材的 ETF，正如你押寶某個熱門題材（例如 AI、電動車、半導體、ESG、元宇宙等），ETF 就幫你一次買進整個產業鏈的公司。這種專攻概念股的投資方式，不必自己挑公司，題材夯時，漲幅可能比大盤大；題材退燒時，也跌得快。

「海外型」ETF，則是投資標的在國外的 ETF。海外 ETF 讓你投資美股、陸股、日股、新興市場等，幫你分散風險、全球布局。最適合想讓自己的資產全球化配置、看好海外股市、想買美股但不想開戶的人。但是也有匯率的風險（台幣升值的話，報酬會變低）。

台灣 ETF 投資主要分這 6 大類

類型	說明	代表 ETF	適合族群
大盤型 ETF	跟著台股整體市場走，像買一籃子龍頭股	0050（台灣50）、006208（富邦台50）	想長期穩健成長、不會選股的人
高股息型 ETF	挑選「股息高」的公司，強調配息現金流	0056、00878、00919、00929	想穩定配息、被動收入族
產業主題型 ETF（題材型）	投資某特定產業如科技、電動車、金融等	00881（半導體）、00929（科技）、00830（電動車）	看好特定產業趨勢、敢波段操作的人
海外型 ETF（全球配置）	投資美股、亞股、新興市場等國外資產	00662（中國A50）、00646（標普500）、00851（全球AI）	想分散風險、全球布局的人
債券型 ETF	投資政府、企業發行的債券，波動低	00679B（元大美債20年）、00687B（國泰20年美債）	穩健型、接近退休或避險需求者
反向／槓桿型 ETF	放大漲跌倍數，短線操作為主	00632R（反1）、00631L（正2）	擅長短線操作、有經驗的人（高風險）

表 15-1 台灣 ETF 投資主要分這 6 大類　　　　　　　　製表：方天龍

PART 2

選擇最適合自己
的 ETF

T

16

好好地做股票投資，為什麼要轉戰 ETF？

在非洲，有很多的土人喜愛捕捉猴子，而猴子酷愛花生米，因此土人就將花生米放在中空的椰子殼中，然後在椰子殼的後面繫上繩索。當猴子看見花生米時，就忍不住將手伸進去拿。就當猴子要把花生米拿起來吃的時候，土人立即往繩子一拉，猴子就被捉住了。猴子卻在十分危急時候，仍死命抓住花生米不放，因此就被活捉了。有些做股票做不好的人，也常常就像猴子一樣，既然不肯放棄金融工具賺快錢，那何不思考「改弦易轍」，參與「免選股也能參與大盤趨勢的獲利」呢？

缺乏研究心力，不妨換個戰場

在我財經教學生涯中，常有學生憂慮世局很亂、不知未來能否拿得到優渥的退休福利；也有人一直想放棄正職工作、專事股票操作。但如果勸他要下功夫去研究股票，對方似乎又沒時間和心力，多半想的是「一步登天」，結果反而一再賠大錢，那麼我都會勸他在更低成本和風險之下，選擇在全球市場廣受歡迎，同時也是近年成長速度最快的投資產品——ETF。我們從 ETF 與股票、共同基金的各種面向比較（見表 16-1），都可見其優勢，是很值得投入的轉戰途徑。

ETF 與股票、共同基金的各種面向比較

	ETF（指數型基金）	股票	共同基金
管理費用	低（如0.03%～0.75%年費）	無（但投資者可能需研究成本）	較高（如1%～2%年費）
手續費	需支付券商交易手續費	需支付券商交易手續費	某些需收申購／贖回手續費
交易稅	證交稅（如台股0.1%）	證交稅（如台股0.3%）	贖回可能產生資本利得稅
交易時間	和股票相同，即時交易	即時交易	每日一次淨值交易（收盤後處理）
流動性	高，取決於市場活躍度	高，熱門股尤甚	較低，需透過基金公司處理
透明度	高（每日持倉公開）	高（即時價格、公開資料）	較低（通常每季或每月揭露）
投資目標	常追蹤指數（如台灣50）	視個股而定，自行決定	主動式或被動式，基金經理主導
管理方式	被動式為主（但也有主動型）	自主管理	多為主動管理
適合族群	想低成本、多元化投資者	熟悉個股、短線交易者	想長期、專業管理投資者

表 16-1 ETF 與股票、共同基金的各種面向比較　　製表：方天龍

17

偏愛「長抱存股」或「愛操作短線」的人，分別該如何面對 ETF？

　　「長抱存股」派的人，主要是穩健理財、靠複利致富，所以比較適合市值型或高股息型的 ETF，追蹤整體市場、分散風險、配息穩定，而且最好能建立現金流（如果有領息需求）例如：0050、0056、00878 等。請看圖 17-1，這是 00878 的月線圖，連接兩個低點，並連上兩個高點，可以發現它形成一個「喇叭型」的走勢，股價「任重而道遠」，非常穩健向上。有「長抱存股」計畫的人，也可以使用「定期定額」方式買進，不因短期波動動搖，未來必有大收穫。

長抱者要穩賺，短線操作者搶了就跑

　　「愛操作短線」派的人，適合波動性較高的主題型或槓桿型 ETF（如：0050 反 1、富邦台灣科技、能源／AI 主題型 ETF），這種 ETF 流動性高、成交量活絡，且有明顯趨勢可跟隨（例如美股大漲帶動台股科技 ETF）。這樣的人可以追蹤相關指數或產業消息面，並觀察技術線型與成交量，抓進出時機，同時設好停利停損點，依紀律操作。請看圖 17-2，這是「元大台灣 50 反 1」（00632R）的日線圖，我們可以發現它忽上忽下、隨市場消息而波動，並不適合長抱，只宜短線進出。

圖 17－1　00878 的月線圖，走勢如「喇叭型」穩健向上，適合「長抱存股」

資料來源：XQ 全球贏家

圖 17－2　「元大台灣 50 反 1」（00632R）日線圖，隨市場消息波動，只宜短線進出

資料來源：XQ 全球贏家

18

什麼叫做「年化報酬率」？
是否就是「年利率」呢？

在拙著《100張圖幫股市小白財富自由》（財經傳訊出版）發行之後，許多粉絲讀後又提出了許多財經的問題，其中一個常見的問題就是「專家常常提到『年化報酬率』一詞，這究竟是什麼呀？是否就是『年利率』呢？」

不是的。雖然「年化報酬率」和「年利率」聽起來很像，實際上兩者意義不完全相同。「年化報酬率」聽起來像財經術語，但其實是在計算賺賠時的重要指標。簡單地說，它是指「每年平均賺多少％」的意思。不管你投資幾年，「年化報酬率」會幫你換算成每年大約賺多少％，方便比較不同投資。

「年化報酬率」加計複利，「年利率」只算單利

「年化報酬率」在計算上，更貼近「實際投資成效」，而「年利率」只是告訴你「一年利息是多少」而已。它們之間最大的差異就是「複利」。「年利率」在銀行、借貸的時候，多半只計算「單利」而已；而「年化報酬率」在投資、報酬比較時，計算比較複雜，因它是實際投資的平均年回報，所以會考慮複利的效果，以及整體的報酬。

年利率與年化報酬率相異之處

	年利率	年化報酬率
意義	是指一年會給你多少利息，也就是說：是「單純的利息報酬率」，通常用在借貸或定存，大多是單利計算	是指平均每年實際賺多少（含複利），也就是說：是「實際投資的平均年回報」，會考慮複利的效果，並著重在與整體的報酬上
有沒有複利	沒有複利	有複利
適用性	銀行、借貸 也就是說：適用於：銀行定存、房貸利率、信用卡利率。舉例來說，當銀行告訴你「年利率1.5%」，意思是你一年後拿回本金 + 1.5% 的利息	投資、報酬比較 也就是說：適用於非單一年期或報酬不固定的投資，例如：ETF、股票、基金、房地產投資。舉例來說，如果你5年賺100%，年化報酬率 ≠ 每年賺20%，而是平均下來實際每年幫你累積多少

表 18-1　年利率與年化報酬率相異之處　　　　　　　　製表：方天龍

台灣一般銀行定存年利率

定存期限	年利率
6 個月	約 1.2%～1.4%
1 年	約 1.3%～1.5%
2 年以上	約 1.5%～1.8%（有時會到2%左右）

表 18-2　台灣一般銀行定存年利率　　　　　　　　製表：方天龍

19

借錢買 ETF，是可行的嗎？
值得這樣做嗎？

我們常說「不要借錢玩股票」，因為基於財務槓桿原理加值型營業稅，企圖「以小資金搏大投資」的擴張信用，是多數專家都反對的事。但借錢買 ETF 是可行嗎？

首先，借錢玩股票，通常是指利用「融資」的方式去「借雞生蛋」，它最大的問題在於❶有利息的壓力。❷有斷頭的可能。❸有還錢的時限。我個人認為「融資」是一種為了賺錢而採取的「配合款」，而不是「借錢」來吃吃喝喝把它消費掉。所以，只要操盤功力夠，也不是不行。

運用槓桿投資策略，要有一定的條件

至於借錢買 ETF，也是一種槓桿投資策略，本質上是「用別人（最好是家人）的錢來賺錢」。這個做法理論上是可行的，但是否「值得」這麼做，則高度取決於你的財務狀況、風險承受能力、借貸成本與市場走勢，以下是這種策略的優缺點（請見表 19-1）。借錢買 ETF 不是不可以，但風險顯著，更適合財務穩健、有經驗的投資人（請見表 19-2）。若你是初學者或資產基礎較薄，建議先以自有資金累積資產，待經驗與資本更成熟後再考慮使用槓桿。

借錢買 ETF 的優、缺點

借錢買 ETF 的優點	借錢買 ETF 的缺點
放大報酬： 若 ETF 的年報酬率高於你的借貸利率（例如，ETF 平均報酬率 8%，借貸利率 4%），理論上你可以賺取「利差」	市場下跌時損失加倍： ETF 跌 10%，如果你是全額自有資金，損失 10%；但若你是借錢投資，損失可能擴大到 15% 或更高（加上利息）
長期投資效果可能佳： 如果你長期持有（例如 10 年以上），股市歷史上大多呈現上升趨勢，可能抵銷短期波動的風險	借貸利息是確定的，報酬是不確定的： 不論 ETF 是否賺錢，你都必須還本付息，這會造成壓力
合理資產配置下的槓桿： 若你有穩定現金流與備用金，部分使用槓桿可能提升整體報酬率	心理壓力與決策品質下降： 負債狀態下的投資，可能讓你在市場下跌時更容易恐慌賣出，反而落得高買低賣

表 19 - 1　借錢買 ETF 的優、缺點　　　　　　　　　　　　製表：方天龍

運用槓桿投資策略，要有一定的條件

1	有穩定的高收入、應急備用金充足
2	能取得低利貸款（如 3% 以內），最好是向家人借貸
3	理財觀念成熟，能承受長期波動
4	不會因為短期市場波動而恐慌

表 19 - 2　運用槓桿投資策略，要有一定的條件　　　　　　製表：方天龍

20

在台灣，年輕人和即將退休者分別適合買哪一些 ETF？

在台灣，年輕人和即將退休者的投資需求和風險承受力有所不同，由於年輕人比較有冒險的本錢，所以適合高成長型的 ETF，例如 0050（元大台灣 50）；也可透過台股掛牌或海外券商，買全球或美股成長 ETF，例如 00881（國泰美國道瓊）；甚至可以瞄準新興主題型 ETF，例如 00919（群益台灣精選高息）──最近人氣飆高，有月配息，成長與收益兼具。請看圖 20-1，這是適合年輕人的 0050（元大台灣 50）週線圖，❶❷和❸❹兩天量大，都有長下影線，最終❺股價仍具挑戰力。

債券，不適合年輕人擁有

至於即將退休者，因為已經超過 50 歲，風險承受力較低，所以適合的 ETF 目標在於穩定收益、資本保值。通常適合高股息 ETF（例如 00878），以及債券型 ETF（例如 00679B），甚至股債混搭的「平衡型」配置（例如 00850）。請看圖 20-2，這是適合即將退休者的 00679B（元大美債 20 年）週線圖，圖中❶、❸兩天都是長黑的 K 線，成交量也特別大（❷、❹），但最終（❺）仍有往上的機會。這就很適合中年投資者，但對於年輕人來說，債券就不太適合擁有了。

圖 20-1　適合年輕人的 0050 週線圖　　　　　　　　　資料來源：XQ 全球贏家

圖 20-2　適合將退休者的 00679B 週線圖　　　　　　　資料來源：XQ 全球贏家

21

沒有時間看盤的上班族，如何投資 ETF？

　　常常聽我所建立的免費粉絲交流平台「天龍特攻隊」優質群組的成員說，他每天都忙於上班，動不動就要參加公司的開會，根本沒有時間看盤。這些人怎麼辦呢？其實 ETF 是忙碌的上班族最安靜、可靠的理財夥伴。當你專心工作時，ETF 就一直專心在幫你錢滾錢，這就是財務穩定的大引擎。事實上，上班族不必天天看盤，只要「每月固定扣款」就能參與市場成長。配息 ETF 可以設定自動再投入，讓複利滾得更快。我們只要少碰波動大的槓桿 ETF，就沒有太大的風險。

只買一檔「每月配息 ETF」，操作更簡單

　　還有些人並非上班不能看盤，而是懶得研究、懶得做功課。但懶得看盤，並不等於不會賺錢，只要方法對，即使忙碌也能讓資產慢慢變大！首先要選對投資工具，這包括定期定額、單筆布局（領到年終或紅包）、配息再投入，以及自動避險等各項功能（見表 21-1）。當然，還要注意的是投資的時機和行動（見表 21-2）。萬一你想更「簡單化」，也可以只買一檔「每月配息 ETF」來定期定額，好比 00919 群益台灣精選高息：配息穩、人氣旺、每月進帳感受很強！

投資工具的選擇和功能

工具	功能	舉例
定期定額	自動扣款、免看盤	0050（成長型）、00878、00919（配息型）
單筆布局（領到年終或紅包）	低接加碼時機	00929（科技題材）、006208（全球型）
配息再投入	複利效應	設定自動轉入定期定額帳戶（如00878）
自動避險	遇大跌才啟動反向ETF	僅限短線波段，平常不碰00632R

表21-1 投資工具的選擇和功能　　　　　　　　　製表：方天龍

投資的時機和行動

時機	行動
每月固定日（例如5號）	定期定額自動扣款，一次設好不用管
配息入帳日	開一次APP，確認是否再投入
每季1次（3／6／9／12月）	檢查持有ETF績效，不好可替換

表21-2 投資的時機和行動（通常只花你「月初的5分鐘」時間而已）

製表：方天龍

22

退休人士適合買什麼 ETF？

　　退休人士有的人已經財富自由了，可是有的人仍「退而不休」，兼做各種工作，以增加收入。基本上，財富的震盪（高波動）是最令人不安的事。所以，針對退休、準備開創「第二人生」者的財務規畫。我們在選擇 ETF（交易所交易基金）時，重點通常是：穩定的收益（如股息）、分散風險、低波動性、保本與抗通膨能力。換句話說，要以「穩定收益」為主。年輕時採取較積極的策略，到了中老年時期，就必須慢慢轉為穩健策略，逐步降低高風險資產比例。

走勢相去不遠的兩檔 ETF，可自由選擇

　　基於以上的推論，「市值型」ETF，就常成為退休投資者的主要工具。以元大台灣50（0050）為例，其10年來的年化報酬率，可以達到14.65％左右，是適合退休人士考慮的標的。

　　此外，富邦台50（006208）也是屬於純市值型的 ETF。請看圖22-1，是元大台灣50（0050）和富邦台50（006208）這兩檔 ETF 的股價走勢比較。我們可以發現它們幾乎是「步亦步、趨亦趨」，兩者不分軒輊。只是一個價格較高，一個價格較低。

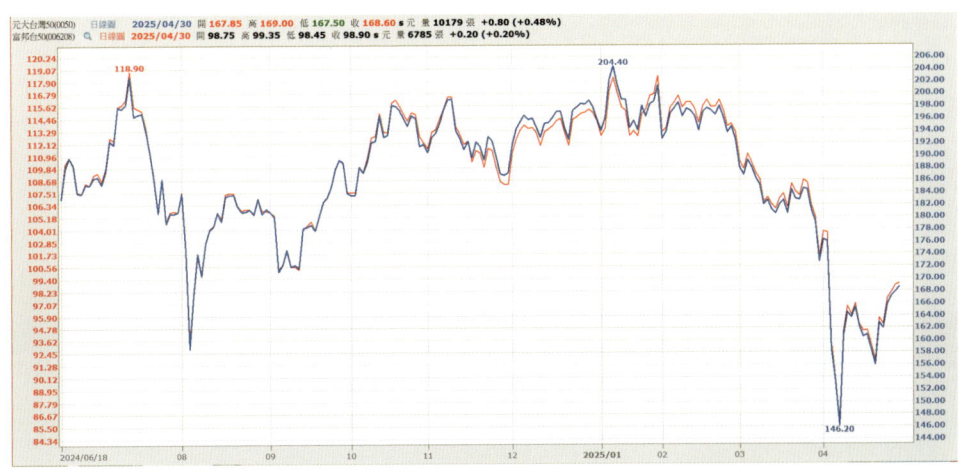

圖 22-1　元大台灣 50 和富邦台 50 的股價走勢比較　　　資料來源：XQ 全球贏家

23

假設有個即將退休的人，如何規畫一份「個人ETF投資操作守則」？

即將退休（大約55到65歲）和已經退休的人，通常有著不一樣的心境。即將退休的人都很積極在規劃未來沒有薪資的日子，如何維持以往的生活水準，所以特別需要「個人ETF投資操作守則」。首先，有四個目標是可以確定的：❶資產穩健保值。❷穩定現金流（配息）。❸風險控制。❹避免過度操作。還有「三不政策」：不跟風搶短線、不重壓單一產業、不依賴單一配息ETF。其實這些原則，無非是追求「穩穩賺」、「避風險」。

定期檢視成效，不頻繁交易

請看表23-1，這是一份年長者的「個人ETF投資操作守則」重點。到了這種年齡，最好別再冒險了，而要只投資自己看得懂的ETF。

投資之前，最好查明打算買的每檔ETF：追蹤指數、成分股、風險、費用，不買結構複雜的槓桿或反向產品。同時，最好以配息為主、成長為輔，可選年殖利率3%至5%的ETF，例如定期配息的00878、00919、006208。如果錢還夠，可配置部分成長型的ETF，如0050、00757。然後定期檢視，不頻繁交易（年紀大了，不宜久坐看盤）。

年長者的「個人 ETF 投資操作守則」

風險控管與停利停損	❶ 單一 ETF 不超過總資產的 30% ❷ 若市場大跌超過 30%，不急於贖回，保守持有，避免恐慌操作 ❸ 如 ETF 連續兩年配息減少超過 30%，考慮更換產品
退休後現金流規劃	❶ 切勿一次性贖回 ETF 資產，以避免稅負與市場風險 ❷ 每年提領原始資產的 3% 至 4% 作生活費，以備不時之需 ❸ 鼓勵「配息再投入」直到實際退休，增強複利效果
心態與紀律	❶ ETF 為長期投資工具，避免交易過於頻繁 ❷ 保持冷靜，不追逐熱門主題 ETF ❸ 每半年固定檢視投資報表，但不因短期績效調整策略

表 23-1　年長者的「個人 ETF 投資操作守則」　　　　製表：方天龍

24

面臨關稅風暴，
ETF 也可能違約交割嗎？

根據報導，由於「川普關稅風暴」的侵襲，有少年股神投入波若威（3163）、華星光（4979）、合一（4743）等飆股，財富一夕歸零。2025 年 4 月 7 日，波若威爆出第 1 起違約交割，金額高達 2,106 萬元，隨後華星光和合一也接連爆出違約交割，金額分別為 1,679 萬元和 1,847 萬元。以操作台積電選擇權一戰成名的「小龍哥」，也在這波股災中「淨身出戶」退出市場。而 ETF 本身作為「基金」是不會違約的，但投資人在買賣 ETF 的過程中，若使用融資或信用帳戶，同樣可能違約交割。

儘量使用現金帳戶操作，避免信用交易

ETF 和個股一樣是透過券商買賣，因此如果自然人或法人投資者買進 ETF 後資金未如期交割（T+2），也可能導致券商代墊款項產生違約風險。這在市場恐慌性下跌、融資斷頭的時候較容易發生。因為 ETF 追蹤的是一籃子成分股，如果成分股本身發生交割問題（如下市、停牌或重大異常），ETF 的淨值計算與流動性可能受到干擾，尤其是槓桿或反向型 ETF 更容易放大這些風險。所以，最好儘量使用現金帳戶操作，避免信用交易買 ETF。

ETF 的主要風險來源

風險來源	解說
投資人個人信用風險	如果你用信用交易方式買進 ETF，但卻無法交割，就會發生違約，這與個股交易的情況是類似的
市場流動性風險	如果某些冷門 ETF 成交量低，劇烈波動時可能導致價格偏離淨值（折溢價），而買在高點又下跌，容易觸發斷頭賣壓
大盤系統性風險	ETF 的標的是整體市場或特定產業指數，例如台灣 50 或電子 ETF，若市場崩跌，ETF 也會同步大跌，進而引發違約風險
槓桿與反向 ETF 風險更高	如果是槓桿型 ETF（例如 2 倍、3 倍），波動將更劇烈。一旦做的方向錯誤，就更容易面臨爆倉或違約的情形

表 24-1　ETF 的主要風險來源　　　　　　　　　製表：方天龍

25

ETF 有下市的風險嗎？
如何降低投資風險？

　　台灣證券交易所 2025 年 4 月 28 日宣布，由新光證券投資信託股份有限公司（即新光投信）經理的「新光標普電動車 ETF 證券投資信託基金」（00925）受益憑證（請見圖 25-2），自 2025 年 6 月 5 日起終止上市。其實這已不是第一個案例了！除新光標普電動車 ETF 外，同年已有 2 檔債券型 ETF 宣告下市，分別為復華次順位金融債（00790B）及富邦中國投等債（00784B）。

規模太小或流動性不足，ETF 就會下市

　　為什麼 ETF 會下市？有時是因為規模太小或流動性不足。當 ETF 的資產規模過小（例如低於新台幣 2 億元）或成交量極低，造成營運成本過高，發行公司可能主動申請下市。舉例來說，元大台灣高股息低波（00713）就曾因規模長期低迷、投資人興趣缺缺，在 2020 年被宣布終止上市清算。此外，當投資策略失敗或市場環境改變時，市場如果對發行公司失去興趣或表現長期不佳，也可能面臨下市。例如富邦印度 ETF（00652），就因追蹤印度股市表現不佳與流動性低迷，於 2019 年下市。所以，請看表 25-1，在投資時，我們應檢視一下表中的條件，才能降低 ETF 下市的風險。

降低 ETF 下市風險檢視表

檢視	解說
選擇規模穩定的大型 ETF	例如：0050（元大台灣 50）、006208（富邦台 50）等資產規模超過千億元，市場流通性佳
避開冷門、小眾主題型 ETF	對如區塊鏈、生技小型股等主題要提高警覺，尤其是掛牌後成交量長期低迷的 ETF
觀察流動性與成交量	長期每日成交量低於千張、規模低於數億元的 ETF 風險較高
定期檢視 ETF 公告	關注投信公司的重大訊息，例如「終止上市」、「基金併入」等公告

表 25-1　降低 ETF 下市風險檢視表　　　　　　　　　　製表：方天龍

圖 25-2　2025 年 6 月 5 日下市的新光標普電動車 ETF（00925）　　資料來源：XQ 全球贏家

26

高股息 ETF 是什麼？為何近年如此熱門？高股息就代表高報酬嗎？

高股息 ETF（High Dividend ETF）是一種追求穩定配息、注重現金流收入的 ETF，它主要投資在那些配息率高、獲利穩定的公司。近年來在台灣投資市場特別受到青睞，成為許多投資人（尤其是退休族、穩健型投資者）的重要選擇。這種 ETF 的特色就是：股息殖利率高、有穩定的配息紀錄、基本面或財務條件，包括獲利能力佳、自由現金流穩定、負債比低等。此外，它對指數化管理也很專注。通常是追蹤特定的高股息股票指數，例如「台灣高股息指數」或「智慧因子高股息指數」等。

高股息如領薪水，但不代表是高報酬

高股息 ETF 之所以熱門，是因為現金流收入來源穩定、投資人可定期領股息，如同「每季或每年領薪水」。同時，它也適合長期投資、複利滾存。配息再投入可產生複利效應，逐漸累積資產。它也是通膨壓力下的保值工具，現金流可抗通膨，比單純存定存報酬更高。

不過，高股息並不意味著就是高報酬。因為高股息不代表股價會漲，有些公司股價長期低迷，殖利率高，反而是因為價格跌下來造成的。所以，選擇時要留意規模、配息來源穩定性與產業分布。

高股息 ETF 的優勢

優勢條件	解說
現金流收入來源穩定	投資人可定期領股息,如同「每季或每年領薪水」
股息殖利率高	選擇過去 1 年或多年的配息紀錄良好、殖利率高的公司
適合長期投資、複利滾存	配息再投入可產生複利效應,逐漸累積資產
基本面或財務條件	獲利能力、自由現金流穩定、負債比低等
波動相對較低	這類 ETF 多為大型績優股,股價較抗跌,適合保守型投資人
通膨壓力下的保值工具	現金流可抗通膨,比單純存定存報酬更高
市場行銷與話題效應	台灣投信公司積極推廣、搭配「月配息」、「填息快」等概念吸引資金湧入

表 26-1 高股息 ETF 的優勢　　　　　　　　　　製表:方天龍

27

哪一檔 ETF 最適合定期定額？
哪一檔最適合短期操作與高填息？

適合定期定額做長期投資的高股息 ETF，其實很多，但比較令人眼睛一亮的應該是「國泰永續高股息 ETF」（00878），它的優點是強調 ESG ＋高股息，選股穩健，且成分股分散、週轉率低。這樣就很適合不想太常常換股，同時又想要配息很穩定的投資人。它一般配息的頻率是「季配」，滿適合上班族、退休族，以及長期的存股族。此外，「元大高股息 ETF」（0056）也很不錯，它是台灣第一檔高股息 ETF，歷史久、規模穩。長期平均殖利率約 5%，適合慢慢滾存，配息頻率也是季配。

填息快高成長，風險相對也大

至於適合短期操作、追求填息和價差的高股息 ETF，則有「復華台灣科技高息 ETF」（00929）、「群益台灣精選高息 ETF」（00919）等，前者聚焦科技股，波動大、漲跌快、填息速度快，有時表現甚至超越行情；後者主打「高填息」、「高殖利率」、「高成長」三高策略，配息與價差兼具，受短線投資人青睞。這兩種 ETF 配息頻率，都屬於「月配」，很適合想短期領息＋抓波段的投資人。不過，這些 ETF「填息快」，風險也較高，波動性大，如果沒有搭配停利策略，小心買在高點、賣在低點。

圖 27-1 「國泰永續高股息 ETF」（00878）週線圖　　　資料來源：XQ 全球贏家

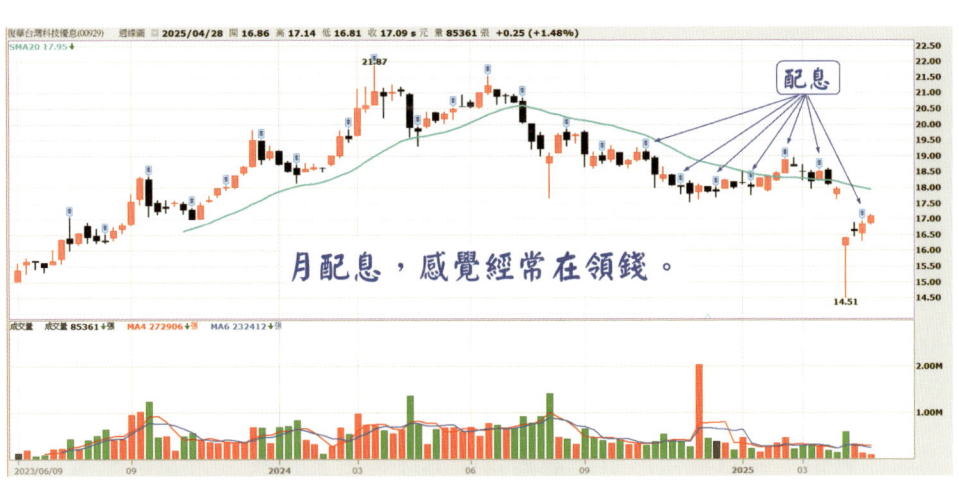

圖 27-2 「復華台灣科技高息 ETF」（00929）週線圖　　　資料來源：XQ 全球贏家

28

ESG 是什麼意思？
它與 ETF 投資有何關聯？

　　ESG 是 Environmental（環境）、Social（社會）、Governance（公司治理）的縮寫，是一種評估企業永續經營與社會責任的指標。由於時代的進步，近年來，ESG 已成為全球主流的投資標準之一，不只是看企業能否賺錢，還會考量它是否對環境友善、對員工與社會負責，以及公司治理是否透明、公平。這是以前功利時代難以想像的境界。

企業對環境影響的責任，越來越受重視

　　ESG 可分為三大面向來解釋：❶ Environmental（環境），關注的是企業對環境的影響，包括節能減碳、綠色能源、污染防治、廢水處理、氣候變遷風險管理等，例如台積電推行再生能源計畫、減少碳排放。❷ Social（社會），看企業如何對待員工、顧客與社會大眾，包括員工福利與勞工權益等。❸ Governance（公司治理），看企業內部管理是否健全，包括董事會運作、股東權益保障、財務透明度與資訊揭露等。所以，現今的 ESG 並不等於單純的道德標準，而是一種結合長期風險控管與企業競爭力的投資策略。投資人越來越重視企業不只是「賺多少錢」，而是「如何賺來的」。

台積電的再生能源與減碳成果

優勢條件	解說
提前實現再生能源使用目標	原訂於 2050 年達成全球營運 100％使用再生能源的目標，已提前至 2040 年實現
供應鏈減碳策略	自 2025 年起，台積電將減碳績效納入供應商選擇標準，要求關鍵供應商簽署減排協議，並承諾在 2030 年前達標
長期目標與國際承諾	積極推動再生能源，展現其在環境永續方面的領導地位。這些措施有助於提升企業形象，且符合全球 ESG 投資趨勢

表 28-1　台積電的再生能源與減碳成果　　　　　　　　　　　製表：方天龍

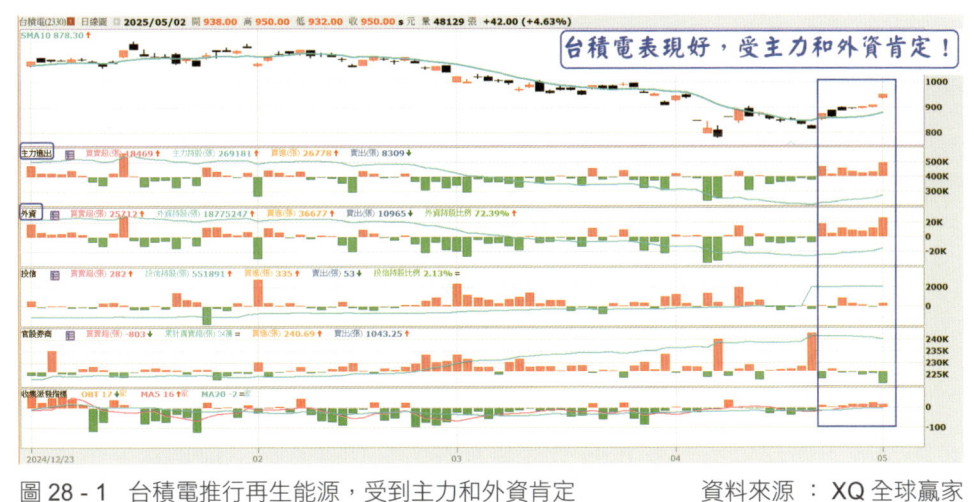

圖 28-1　台積電推行再生能源，受到主力和外資肯定　　　資料來源：XQ 全球贏家

29

ETF 下單交割的時程，和股票交易有什麼不同？

雖然在交易介面上 ETF 和股票看起來幾乎一樣，但在運作原理、交割流程、流動性來源等方面，其實有不少差異。請看圖 29-1，你可能會好奇為什麼還有 T+3 可交付呢？一般股票與 ETF 的交割流程仍有些差異的，台股市場（包含 ETF）採用 T+2 交割制度，意思是：T 日（下單當日），你買賣股票或 ETF；T+1（成交確認），系統處理成交資料；T+2（交割日），實際完成款項與股票交割（扣款、撥券）；而 T+3（可交付日）是券商入庫完成，投資人可「轉讓、出借、交付」這些股票。

ETF「正式完成交割」會延伸至 T+3

為什麼 ETF 要到 T+3 才「可交付」？其實這裡的「可交付」，是指對券商或保管機構來說，ETF 在 T+2 雖已完成交割，但實際 ETF 背後的「受益憑證」與「成分股籃子」還需經過清算程序（尤其是實物申購／贖回的 ETF），因此要到 T+3 才能確定交割完成、可用於其他用途（如交付、借券等）。所以，對一般散戶來說，T+2 資金與持股會入帳，能賣出或顯示在庫存中，但在系統或券商層面，ETF「正式完成交割」的標準流程會延伸至 T+3，主要因為背後涉及實體交割或券源處理。

ETF下單交割時程

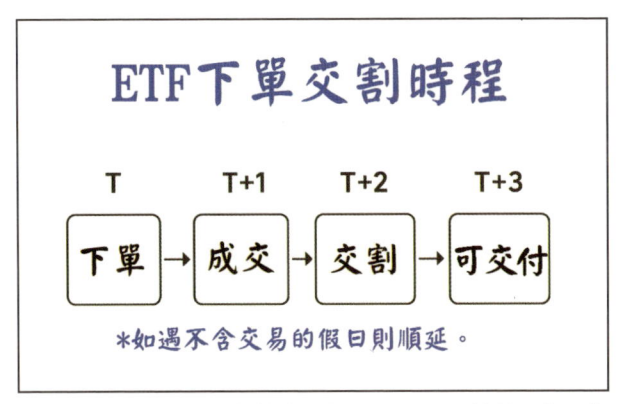

```
    T      T+1     T+2     T+3
  ┌──┐   ┌──┐   ┌──┐   ┌────┐
  │下單│→│成交│→│交割│→│可交付│
  └──┘   └──┘   └──┘   └────┘
```
＊如遇不含交易的假日則順延。

圖 29-1　ETF下單交割時程圖　　　製圖：方天龍

ETF 和一般股票在券商帳戶上的差異

項目	ETF	一般股票
本質	基金（集合多檔股票）	單一企業的股份
價格來源	跟隨淨值變化，由「造市商」維持買賣差價	由市場交易決定
交易方式	像股票一樣，在市場即時買賣	即時買賣
交割日	T+2（但「完整可交付」可能是 T+3）	T+2（可即時出借／交付）
交割內容	ETF 受益憑證（類似「基金單位」）	股票股份
可否現股當沖	可（部分 ETF 支援）	可（只要券商開放）
資訊揭露	每日公告淨值、持股明細	公告季報、年報、法說會等
實物交割	有些 ETF 採「實物申購／贖回」制度	無（全為電子交割）

表 29-1　ETF 和一般股票在券商帳戶上的差異　　　製表：方天龍

073

PAR

3

熱門 ETF 的
技術線型

T

30

目前最多人參與、最熱門的 10 檔台股 ETF 是哪些？

從前大家所關心的共同基金是「交給經理人打理」，適合完全不看盤的人；但時至今日，ETF 的誕生既靈活透明又便宜，像是「自己選擇、自己管理」的投資，所以特別受到歡迎。但當你想要有一份 ETF 加上基金混搭的理財配置時，有哪些是熱門排行榜的標的呢？

請看表 30-1，這是截至 2025 年 5 月，台灣最受投資人歡迎的 10 大台股熱門 ETF（以受益人數排序）。參與者越多，越能證明它是大家公認、有口碑的台股 ETF。

前十名熱門排行，多數為高股息型

排行榜的前五名是：國泰永續高股息（00878）、元大高股息（0056）、群益台灣精選高息（00919）、元大台灣 50（0050）、富邦台 50（006208）。第六到第十名為：元大台灣高息低波（00713）、元大台灣價值高息（00940）、復華台灣科技優息（00929）、大華優利高填息 30（00918）、凱基優選高股息 30（00915）。以上這些 ETF 多數為高股息型，顯示台灣投資人偏好穩定配息的投資工具。此外，市值型 ETF 如 0050 和 006208 也因其代表性和成長潛力，受到廣泛關注。

10 檔最多人參與、最熱門的台股 ETF

		受益人數	特點
1	國泰永續高股息（00878）	約 1,728,886 人	季配息、ESG 永續概念，連續多年人氣冠軍
2	元大高股息（0056）	約 1,300,000 人	高殖利率、穩定配息，適合長期存股族
3	群益台灣精選高息（00919）	約 1,070,000 人	近年人氣快速上升，2024 年受益人數增加超過 61 萬人
4	元大台灣 50（0050）	約 1,000,000 人	追蹤台灣 50 指數，代表性強，2025 年初受益人數大增 14 萬人
5	富邦台 50（006208）	約 900,000 人	與 0050 類似，主打大型權值股
6	元大台灣高息低波（00713）	約 850,000 人	結合高息與低波動策略，適合穩健型投資人
7	元大台灣價值高息（00940）	約 800,000 人	主打價值投資與高股息，2024 年受益人數增加顯著
8	復華台灣科技優息（00929）	約 790,000 人	聚焦科技股與高股息，吸引科技產業投資人
9	大華優利高填息 30（00918）	約 750,000 人	強調填息速度與穩定配息，吸引存股族關注
10	凱基優選高股息 30（00915）	約 700,000 人	主打高股息策略，適合追求穩定現金流的投資人

表 30-1　10 檔最多人參與、最熱門的台股 ETF　　　　製表：方天龍

31

ETF 投資的標的，「成分股」會變動嗎？

　　ETF（指數股票型基金）通常是根據某個指數來設計的，例如台灣 50 指數（0050）、高股息指數（如 00878、0056 追蹤的指數）等。這些指數背後有一套定期調整機制，根據一定的條件（如市值、流動性、配息率、財報表現等）來更新成分股。成分股調整的常見原因包括：❶定期調整：多數指數每年或每季會「定期」檢視並調整成分股。❷公司重大變化：如購併、下市、重大虧損等，可能導致被提早剔除。❸新興強勢公司：當某公司市值或配息表現大幅提升時，就有機會被納入成分股。

避免過度集中單一產業，適時關注成分股的變化

　　因此，ETF 的成分股變動主要是為了反映市場的最新情況，確保基金能有效追蹤其標的指數。例如公司獲利能力、成長性等指標的變動，以及市值增減可能影響公司在指數中的權重。

　　對於投資人來說，定期檢視持有的 ETF，了解其成分股是否符合自身的投資目標與風險承受度，是很重要的。一般來說，我們除了注意產業趨勢的變化（避免過度集中於單一產業或公司，就能分散風險）。當 ETF 發行公司要調整成分股時，也會公告出來，我們只要適時關注即可。

近期台股 ETF 成分股調整案例

	新增成分股	刪除成分股	調整比例
富邦特選高股息 30（00900）	正新、華通、聯強、宏碁、創見、華航、國泰金、神基、南寶、和碩、臻鼎-KY、世界、群益證 13 檔	聚陽、光寶科、台積電、義隆、可成、京城銀、中信金、大立光、家登、材料-KY、譜瑞-KY、亞翔、力成 13 檔	約 43.3%
中信成長高股息（00934）	儒鴻、瑞昱、國產、潤弘、長榮、萬海、大立光、順達、玉晶光、大聯大、南寶、聖暉、全家、群益證、樺漢、緯穎、復盛應用、洋基工程 18 檔	統一、三陽工業、長榮鋼、微星、華固、慧洋-KY、統一超、日月光投控、天鈺、世界、啟碁、環球晶、矽創、南電、富邦媒、豐泰、中保科、裕融 18 檔	約 36%
野村台灣新科技 50（00928）	智原、創意、世芯-KY 3 檔	欣興、中美晶、萬潤 3 檔	約 6%
富邦台灣中小 50（00733）	櫻花建、日勝生、鄉林、長虹、隆大、建國、漢翔、龍德造船等 45 檔	上銀、大銀微系統、直得、亞光、華晶科等 45 檔	高達 90%

表 31-1　近期台股 ETF 成分股調整案例（2025 年 4 月）　　資料來源：經濟日報

32

國泰永續高股息 ETF（00878）簡介，它最近成分股變動情況如何？

在本書第 30 單元中，於「10 檔最多人參與、最熱門的台股 ETF」名列第一的「國泰永續高股息 ETF」。截至 2025 年 5 月，一直持續受到投資人青睞，憑藉其穩定的配息策略和 ESG（見本書第 28 單元解說）選股原則，成為目前台灣市場上最受歡迎的高股息 ETF。截至 2025 年 5 月 8 日，它的收盤價是 20.52 元，淨值為 20.46；基金規模約新台幣 4,154 億元；受益人數：約 172 萬人，為台股 ETF 中最高的一檔 ETF。

近期成分股調整：華碩進、可成出

「國泰永續高股息 ETF」的配息頻率，通常每年四次，分別在 2 月、5 月、8 月和 11 月。根據媒體報導，它 2025 年第二季配息情況是：每股配息 0.47（較前一季的 0.50 略為下降），它 2025 年的除息日為 5 月 19 日，最後買進日：2025 年 5 月 16 日，股息發放日：2025 年 6 月 13 日，單季現金殖利率：約 2.29%，年化殖利率約 9.2%，屬於高水準的 ETF。在 2024 年 11 月的調整中，00878 新增成分股：華碩（2357），刪除成分股：可成（2474）。

「國泰永續高股息 ETF」的前十大持股及其比例

	股名	代碼	持股比例
1	聯詠	3034	6.28%
2	聯發科	2454	4.99%
3	華碩	2357	4.89%
4	聯電	2303	4.26%
5	瑞昱	2379	3.90%
6	中信金	2891	3.53%
7	光寶科	2301	3.45%
8	上海商銀	5876	3.42%
9	日月光投控	3711	3.38%
10	緯創	3231	3.21%

表 32-1 「國泰永續高股息 ETF」的前十大持股及其比例（更新日期：2025 年 5 月 8 日）　　資料來源：經濟日報、聯合新聞網

33

觀察國泰永續高股息 ETF 的技術面和籌碼面。

觀察一檔 ETF 的技術面，不必看當日表現的「江波圖」或「分鐘圖」，而是要看「日線圖」，以確認它現在的位階高低（事關風險大小），同時最好也能看「週線圖」，必要時更要看「月線圖」，才能把它過去的表現一覽無遺。雖然「過去的績效，不代表現在或未來」，但參考性總是有的。

請看圖 33-1，這是從「國泰永續高股息 ETF」的技術面來看，趨勢始終向上。（週線圖）雖然近期股價拉回爆量，但 K 線在低檔出現長下影線，表示有支撐，這是技術分析常會提及的。

只要股價不重跌，散戶熱愛頻頻領息

再看圖 33-2，「國泰永續高股息 ETF」的籌碼，可以看到主力和外資過去都不太熱中買進這檔 ETF，但是官股券商卻大為捧場，本土的投信過去也有買過，但近期較無著墨。不過，散戶喜歡買進這檔 ETF，並成為熱門標的，也可以看出它長期的價格始終不墜，深受投資人的喜歡。因為很多人喜歡配息領錢，有一種「經常領薪水」的感覺。大戶喜歡實際操作股票、賺快錢，但散戶卻喜歡高股息的穩穩獲利。只要股價不重跌、經常領息，散戶對這檔 ETF 就會繼續愛下去。

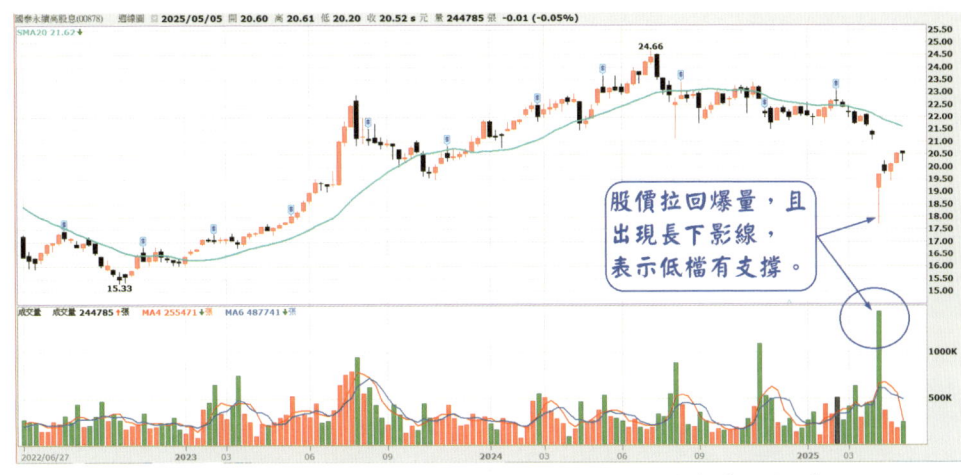

圖 33－1 從「國泰永續高股息 ETF」的技術面來看，趨勢始終向上（週線圖）

資料來源：XQ 全球贏家

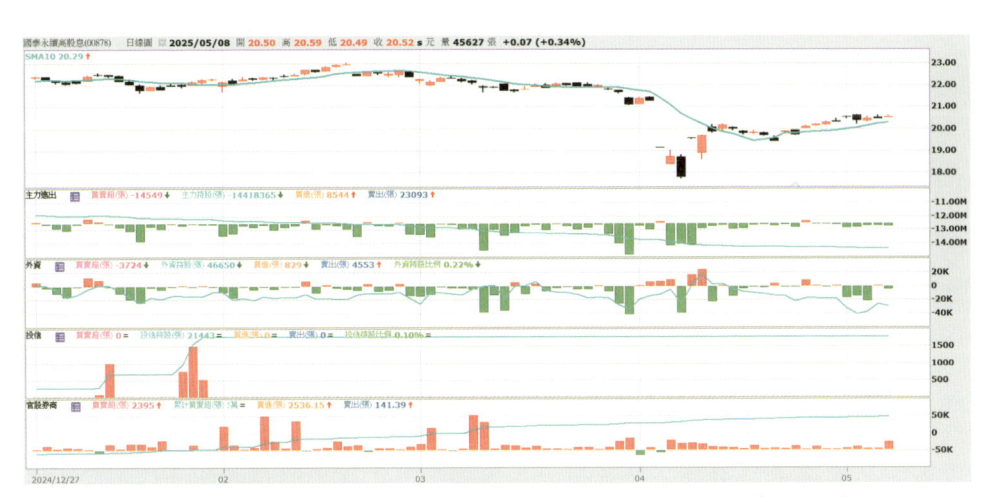

圖 33－2 從「國泰永續高股息 ETF」的籌碼來看，官股券商著墨較多（日線圖）

資料來源：XQ 全球贏家

PART ③ 熱門 ETF 的技術線型

083

34

元大高股息 ETF（0056）簡介，它最近成分股變動情況如何？

在本書第 30 單元中，於「10 檔最多人參與、最熱門的台股 ETF」名列第二的「元大高股息 ETF（0056）」，是一檔大家耳熟能詳的 ETF，排名甚至已超越元大台灣 50（0050）了。截至 2025 年 5 月，它的表現都很穩健，所以吸引眾多投資人的關注。它的基金規模約有 4,287 億元，它在 2025 年 5 月 8 日的價位才 32.84 元，而淨值是 32.89，配息頻率：季配息（每年 1、4、7、10 月）。最新配息金額：每單位 1.07，已連續四季維持此一水準，相當難得。

新增長榮航等 8 檔、刪除遠東新等 7 檔

元大高股息 ETF（0056）追蹤「台灣高股息指數」，每年進行兩次定期審核，分別在 6 月及 12 月的第三個星期五後的下一個交易日生效。最近一次的成分股調整於 2024 年 12 月 6 日公布，調整內容如下：新增成分股（8 檔）：長榮航、長榮、陽明、華南金、東元、上海商銀、材料-KY、興富發。刪除成分股（7 檔）：遠東新、台勝科、華新、中保科、潤泰全、遠雄、京城銀。此次調整後，成分股總數由 49 檔增至 50 檔，這表示該者 ETF 管理對於高殖利率及穩定配息公司的重視。

元大高股息 ETF（0056）的前十大持股及其比例

	股名	代碼	持股比例
1	長榮	2603	4.31%
2	聯電	2303	4.09%
3	聯詠	3034	3.82%
4	瑞昱	2379	3.55%
5	中信金	2891	3.55%
6	華碩	2357	3.45%
7	聯發科	2454	3.22%
8	華南金	2880	3.04%
9	長榮航	2618	2.84%
10	陽明	2609	2.75%

表 34-1　元大高股息 ETF（0056）的前十大持股及其比例（更新日期：2025 年 5 月 8 日）
資料來源：元大投信

35

觀察元大高股息 ETF 的技術面和籌碼面。

　　元大高股息 ETF（0056）的技術面，在 2025 年 4 月 7 日的「週線圖」中，出現了令人沮喪的大黑 K。不過，它和大盤一樣，這根大黑 K 不但不是賣點，還是難得的好買點，因為它出現了長長的下影線，且爆出了大量。這表示有大戶在低檔承接。接下來，我們就會發現短期內沒有「低價」可買了！它在 2025 年 4 月 23 日除息後，繼續收紅，繼續向 20 週線挑戰！在技術面來看，是一檔很有前景的好 ETF，非常值得投入（請見圖 35-1）。

行家看準產業前景，廣泛布局

　　再從圖 35-2 來看，這是元大高股息 ETF 的日線圖，近期不僅外資有著墨，投信和官股券商也都有買進。尤其當它的日線圖陷入低點時，雖主力和外資都大幅賣出，但同時投信卻反向而行，連續大買數日。至於官股券商更是一路買進，從未停止。這些「行家」看重的是 0056 的產業配置，包括電腦及週邊設備業：22.18％、半導體業：19.33％、金融保險業：16.37％、航運業：9.91％、電子零組件業：6.64％，這表示它在高股息產業的廣泛布局，特別重視科技與金融領域。

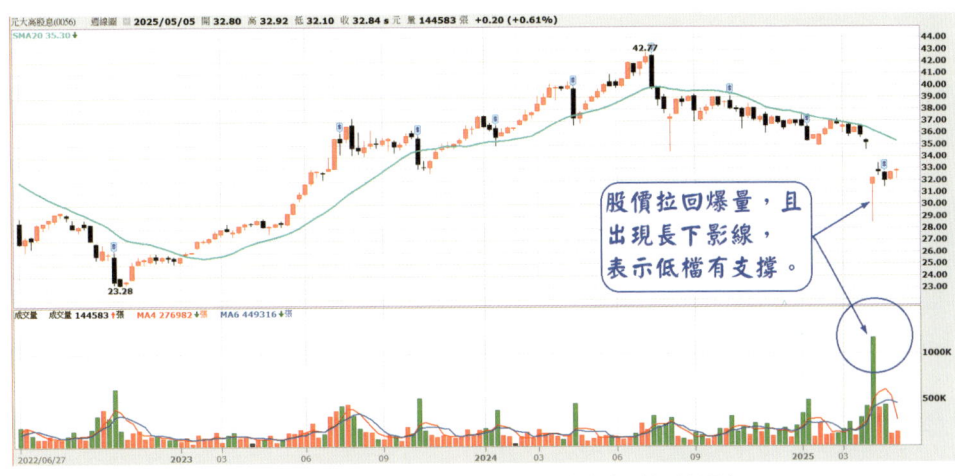

圖 35-1 從元大高股息 ETF 的技術面來看，趨勢始終向上（週線圖）

資料來源：XQ 全球贏家

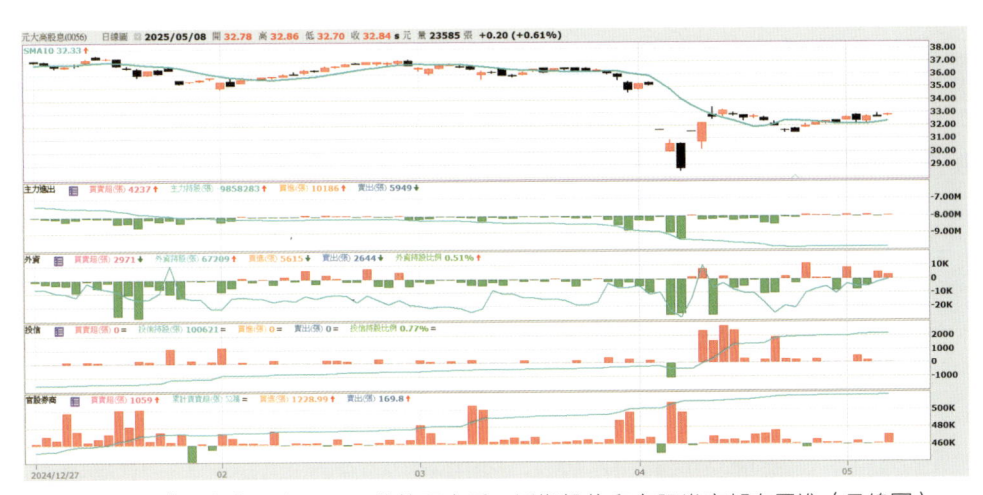

圖 35-2 從「元大高股息 ETF」的籌碼來看，近期投信和官股券商都有買進（日線圖）

資料來源：XQ 全球贏家

36

群益台灣精選高息 ETF（00919）簡介，它最近成分股變動情況如何？

截至 2025 年 5 月，群益台灣精選高息 ETF（00919）一直是很受歡迎的 ETF，它憑藉其「精準高息」的選股策略和穩定的季配息機制，成為台股市場上熱門的高股息 ETF 之一。它追蹤的是台灣指數公司特選台灣上市上櫃精選高息指數，成分股數量：30 檔。配息頻率：每季配息（3 月、6 月、9 月、12 月）。最新配息金額：每單位 0.72 元（2025 年 3 月 18 日除息），年化配息率：約 12.11%。基金規模：約新台幣 3,226 億元，受益人數：超過 106 萬人，為台股 ETF 中的第三大。

新增群聯等 8 檔、刪除長榮鋼等 8 檔

「群益台灣精選高息 ETF」（00919）每年進行兩次成分股調整，分別在 5 月和 12 月。最近一次調整於 2024 年 12 月 17 日進行，調整內容如下：❶新增成分股（8 檔），包括名軒（1442）、海悅（2348）、億光（2393）、裕民（2606）、慧洋-KY（2637）、瑞鼎（3592）、遠雄（5522）、群聯（8299）。❷刪除成分股（8 檔），包括長榮鋼（2211）、華固（2548）、聯陽（3014）、欣銓（3264）、中美晶（5483）、聖暉（5536）、矽創（8016）、長華（8070）。

群益台灣精選高息 ETF（00919）的前十大持股及其比例

	股名	代碼	持股比例
1	聯發科	2454	9.85%
2	中信金	2891	9.78%
3	聯詠	3034	9.68%
4	長榮	2603	9.43%
5	聯電	2303	9.30%
6	長榮航	2618	5.28%
7	世界	5347	5.26%
8	漢唐	2404	3.04%
9	瑞儀	6176	2.76%
10	力成	6239	2.65%

表 36-1　群益台灣精選高息 ETF（00919）的前十大持股及其比例（截至 2025 年 1 月 31 日）
資料來源：群益投信

37

觀察群益台灣精選高息 ETF 的
技術面和籌碼面。

觀察群益台灣精選高息 ETF（00919）的技術面（請看圖 37-1，這是週線圖），可以發現，只要高檔爆量，且有長長的上影線，表示有壓力；而低檔爆量，且有長長的下影線，則是有支撐。在圖中 27.9 的位置，也有一個高點，但並未過前高，於是趨勢一度轉而向下（連 20 週線都下彎了）。但因後來的低檔爆量＋長長的下影線，使得行情又有機會挑戰 20 週線。將來突破 20 週線之後，所謂的「關稅」陰霾，都將一掃而空，萬里無雲。

資金流向大戶，走勢漸趨穩定

再從圖 37-2 來看，這是群益台灣精選高息 ETF 的日線圖，從它的千張大戶（持股一千張以上的大戶）持股比例來看，已呈現連續三週增溫；再從持股 400 張以上的大戶來看，也是連續三週增加。這表示主力看好。持股 50 張以下的投資人慢慢降低了比例。換句話說，資金流向，已從「散戶」流向了「大戶」。觀察融資融券，也印證了這檔股票的走勢平穩，不會有太大的震盪。畢竟持有者圖的是安定成長。

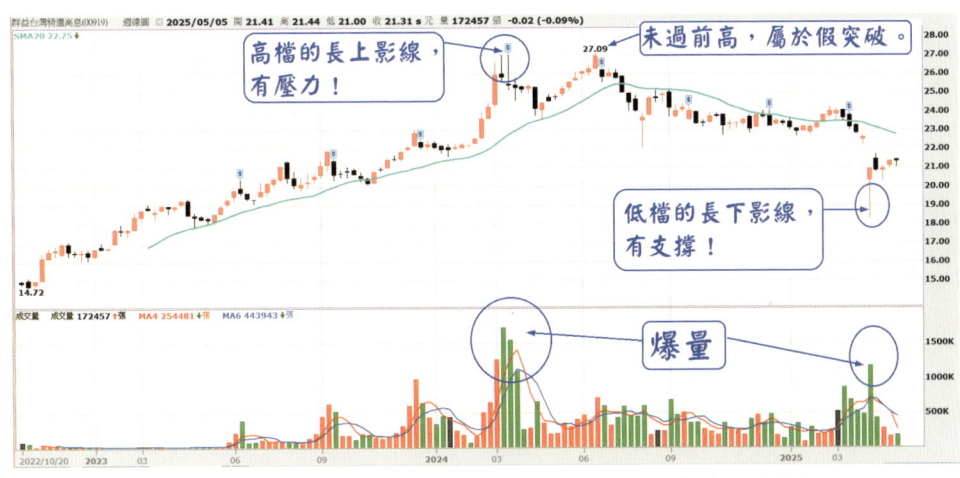

圖 37-1 從群益台灣精選高息 ETF 的技術面來看，趨勢始終向上（週線圖）

資料來源：XQ 全球贏家

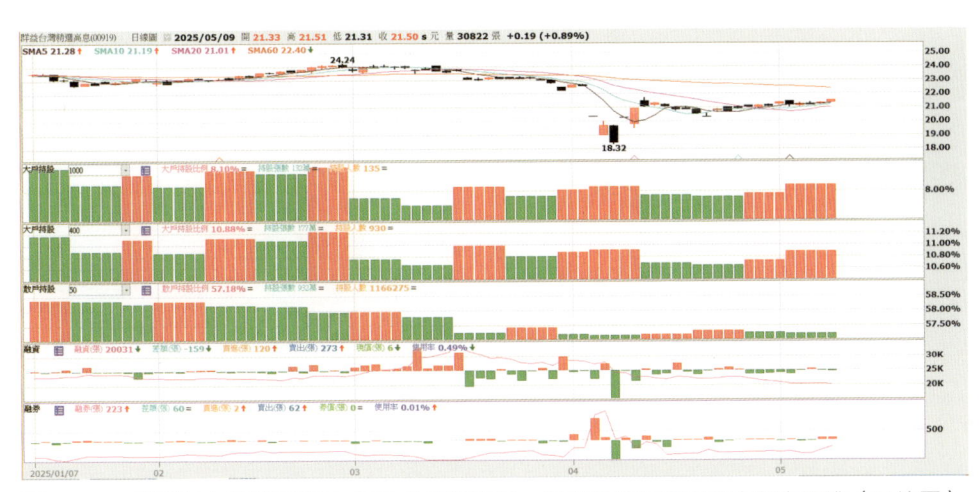

圖 37-2 從群益台灣精選高息 ETF 的籌碼來看，近期投信和官股券商都有買進（日線圖）

資料來源：XQ 全球贏家

38

什麼叫做「精準高息」的選股策略？

在本書第 36 單元中，提到群益台灣精選高息 ETF（00919）憑藉其精準高息的選股策略和穩定的季配息機制，成為台股市場上熱門的高股息 ETF 之一。其中的「精準高息」是什麼意思呢？「精準高息」在這裡是行銷用語，是用來強調 ETF 所採用的選股策略，能夠有效且精準地挑選出具有高股息收益潛力的個股。

精準就是不看表面，挑配錢多的公司

我們想像一下，當你要挑選一籃會「發錢」給你的好公司（股票）時，一定希望這些公司：每年都穩定發獎金（配股息）、獎金發得夠多（股息高）、公司本身很穩、不會倒（體質健康），那麼「精準高息」就是說這檔 ETF（例如 00919）會聰明地幫你挑出這些表現優秀、股息又高的公司，而不是亂槍打鳥。所謂「高息」就是：挑配很多錢的公司；「精準」就是：挑對象有方法、有標準，不會只是看表面。像 00919 這種「精準高息」的 ETF，會只挑真的賺錢、配息穩定、長期可靠的公司來投資，這樣投資人才比較安心、領息也比較穩。

群益台灣精選高息 ETF（00919）標榜「精準高息」的含義

股名	持股比例
以高殖利率為核心的選股邏輯	ETF 的選股邏輯會重點參考個股的「預期股利殖利率」或「歷史股利殖利率」，排除掉股息不穩定或獲利能力不足的公司，挑選能穩定配息的高殖利率標的
搭配財務健全與成長性的過濾條件	並非單純選殖利率高的個股，還會考量：現金流量是否穩定、獲利能力是否持續成長、配息是否來自本業（非一次性資產處分），來避免「高殖利率陷阱」（如公司基本面惡化，仍強行配息吸引投資人）
季配息設計強調「穩定現金流」	ETF 強調的「精準高息」，也意味著其能透過精準選股與調整，支撐每季穩定配息，而不易因各別公司業績波動而大幅縮減配息
「精準」也涵蓋於平衡與調整時點	00919 採「季度調整」的方式，會定期汰弱留強，剔除掉不再具高息潛力或基本面惡化的個股，保持成分股組合的「高息純度」

表 38-1　群益台灣精選高息 ETF（00919）標榜「精準高息」的含義

製表：方天龍

39

元大台灣 50ETF（0050）簡介，它最近成分股變動情況如何？

　　元大台灣 50 ETF（0050）是台灣知名度最高、最具代表性的市值型 ETF，它追蹤的是「台灣 50 指數」，該指數由台灣證券交易所與富時國際有限公司共同編製，涵蓋台灣證券市場中市值前五十大的上市公司。0050 會定期調整，也就是每年進行四次成分股調整（3、6、9、12 月），以反映市場變化。它之所以受人歡迎，主要是它已經透過投資台灣 50 檔大型企業，來降低「單一股票」波動帶來的風險。所以，非常適合追求台灣整體經濟成長的長期投資人。

成分股顯示，台積電「一檔獨大」

　　元大台灣 50 ETF（0050）是最早在台灣發行、追蹤「台灣 50 指數」的 ETF，它的投資方式就是買入指數內的所有成分股，並依照市值比例配置（台積電比重最大）。然後，它每季（3、6、9、12 月）調整一次成分股，與台灣 50 指數同步。至於它的配息策略，是採取不定期配息（可能配息，也可能不配），主要追求資本利得（股價增值），而非穩定現金流。與它同樣是追蹤「台灣 50 指數」的 ETF 還有富邦台 50（006208），請看它們之間的異同（見表 39-1）。

台灣市場目前有兩檔主要的「台灣 50 指數」ETF

項目	元大台灣 50（0050）	富邦台 50（006208）
成立時間	2003 年	2012 年
規模（2025 年）	5,000 億元以上	約 200 億元
追蹤指數	台灣 50 指數	台灣 50 指數
成分股	完全一樣	完全一樣
投資方式	完全複製法	完全複製法
配息政策	不定期配息	每年配息（年配）
管理費＋保管費	約 0.43％／年	約 0.35％／年（略便宜）
交易活絡度	非常高（流動性佳）	較低
適合條件	長期投資、資本利得型	喜歡配息、成本稍低投資人

表 39-1　台灣市場目前有兩檔主要的「台灣 50 指數」ETF　　製表：方天龍

元大台灣 50 ETF 最新前十大持股

排名	股票名稱	持股比例	排名	股票名稱	持股比例
1	台積電	56.12％	6	中信金	1.63％
2	聯發科	5.14％	7	廣達	1.52％
3	鴻海	4.33％	8	國泰金	1.42％
4	台達電	1.97％	9	聯電	1.33％
5	富邦金	1.75％	10	中華電	1.24％

表 39-2　元大台灣 50 ETF 最新前十大持股（截至 2025 年 5 月 9 日）

製表：方天龍

40

觀察元大台灣 50ETF 的技術面和籌碼面。

請看圖 40-1，截至 2025 年 5 月 9 日，元大台灣 50 ETF（0050）的技術面，還算穩定。收盤價：174.75 元，單日上漲 2.15 元（+1.25%）。從日線圖來看，它的成交量：13,676 張，較前一交易日的 10,291 張，增加 3,385 張，顯示市場買氣增溫。從短期均線來看，3 日、5 日、8 日均線，分別為 172.57 元、172.13 元、171.32 元，這三線已經有糾結的意味，可說「蓄勢待發」，呈現多頭排列，顯示短期趨勢向上。MACD、RSI、KD、寶塔線等指標，也顯示多頭趨勢持續，短線動能強勁。

主力外資資金回流，市場買氣強勁

從籌碼面來說，請看圖 40-2，元大台灣 50 的主力券商近期買超增加，顯示主力資金回流。在法人買賣超方面，外資前一陣子大幅賣出的現象已收斂，近期轉而呈現買超，顯示對台灣大型權值股持續看好。另一方面，投信一向看好 0050，現今也沒有改變。至於官股券商是最捧場的，自始至終都是一路買進，代表散戶籌碼的「融資餘額」也很穩定，顯示散戶信心持續加強；融券餘額變化不大，市場空方力道有限。

圖 40 - 1　元大台灣 50ETF 的技術面（日線圖）　　　　　　資料來源：XQ 全球贏家

圖 40 - 2　元大台灣 50ETF 的籌碼面（日線圖）　　　　　　資料來源：XQ 全球贏家

41

富邦台50（006208）簡介，它最近成分股變動情況如何？

　　富邦台50（006208）是由富邦投信發行的指數股票型基金（ETF），追蹤「台灣50指數」，該指數由台灣證券交易所與富時國際有限公司（FTSE）共同編製，選取台灣證券交易所上市公司中市值最大的50家公司作為成分股。這樣的介紹，是不是和0050很像？是的，它也是追蹤台灣50指數（TW50）的ETF，成分股數量一樣是50檔，主要投資產業（截至2025年4月30日）：電子類股：81.63％、金融保險：12.16％、航運業：1.18％。

貨櫃三雄納入，台化被剔除

　　請看表41-1，富邦台50前十大持股（截至2025年4月30日），最大的持股比例是台積電，持股比例是56.13％。台灣50指數的成分股每年定期調整四次，時間為每年3月、6月、9月和12月的第三個星期五收盤後生效。006208近期成分股變動，是在2025年3月調整的。新增：萬海（2615），刪除：台化（1326）。此一變動使得「貨櫃三雄」（長榮、陽明、萬海）再次同時納入台灣50指數成分股，而「台塑四寶」之一的台化則被剔除，反映出市場資金流向的變化。

富邦台 50（006208）最新前十大持股

排名	股票名稱	持股比例	排名	股票名稱	持股比例
1	台積電	56.13%	6	中信金	1.65%
2	聯發科	5.13%	7	廣達	1.62%
3	鴻海	4.33%	8	國泰金	1.38%
4	台達電	1.85%	9	聯電	1.36%
5	富邦金	1.76%	10	中華電	1.26%

表 41-1　富邦台 50（006208）最新前十大持股（截至 2025 年 4 月 30 日）

資料來源：方天龍

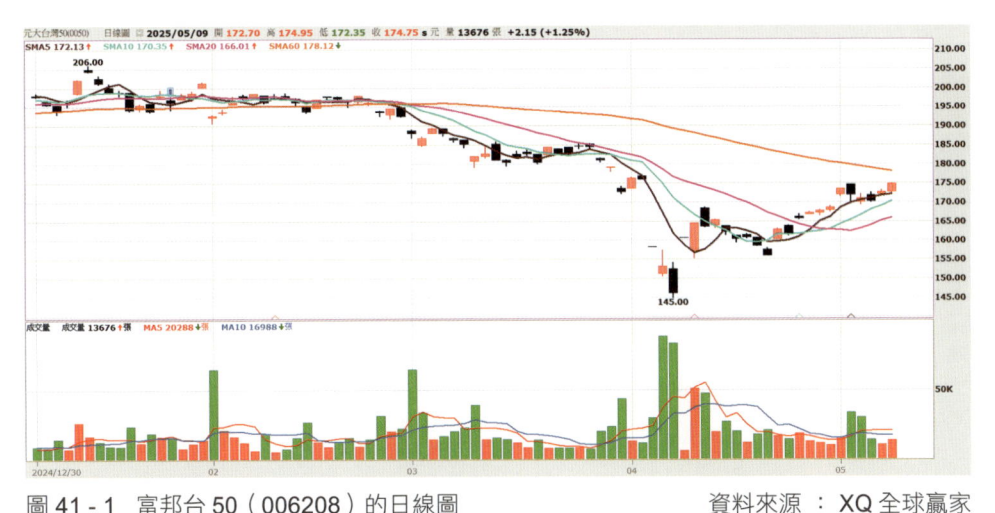

圖 41-1　富邦台 50（006208）的日線圖　　　　　資料來源：XQ 全球贏家

42

觀察富邦台 50（006208）的技術面和籌碼面。

由於富邦台 50 採用完全複製法，直接持有指數成分股，並依市值加權配置權重。因而台積電在指數中的比重超過 50%（見前一單元的表 41-1），我們就應注意單一股票對整體 ETF 表現的影響。此外，該 ETF 每年配息兩次，通常在 7 月和 11 月進行，提供穩定的現金流，若你希望投資台灣大型企業，並享有相對穩定的報酬，富邦台 50 是一個值得考慮的選擇。

展現多頭氛圍，未來前景可期

請看圖 42-1，富邦台 50 的短期均線（3、5、8 日均線）已經三線糾結，正蓄勢待發。它的 MACD、RSI、KD、寶塔線等技術指標，多已經呈現多頭氛圍。再看圖 42-2，這也是富邦台 50 的日線圖，圖中不論是千張大戶（1,000 張以上持股的大戶）或持股 400 張以上的大戶，兩者的持股比例都已逐週增加，可見主力看好它的未來。至於融資融券的資料也顯示並沒有太大的變化，也就能保持相當的穩定性。目前它的價位比較低，也有一些投資人認為未來前景可期。

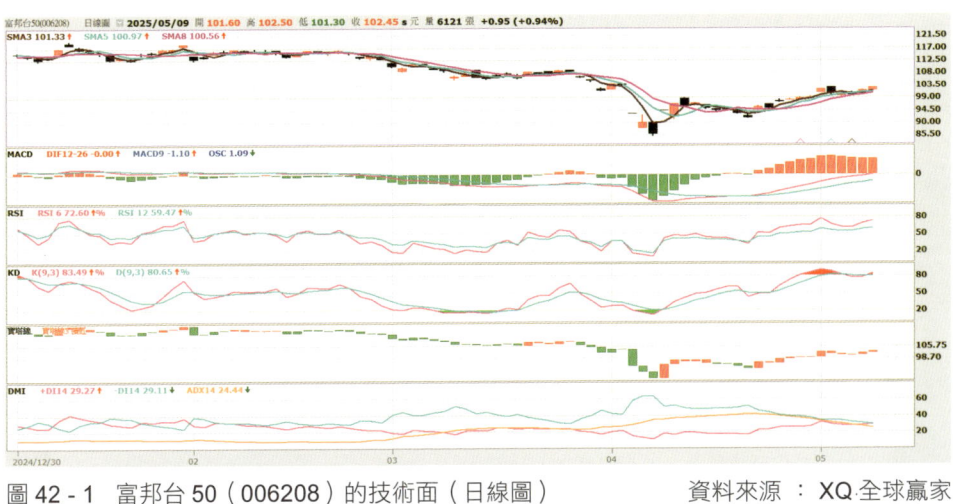

圖 42 - 1　富邦台 50（006208）的技術面（日線圖）　　　　資料來源：XQ 全球贏家

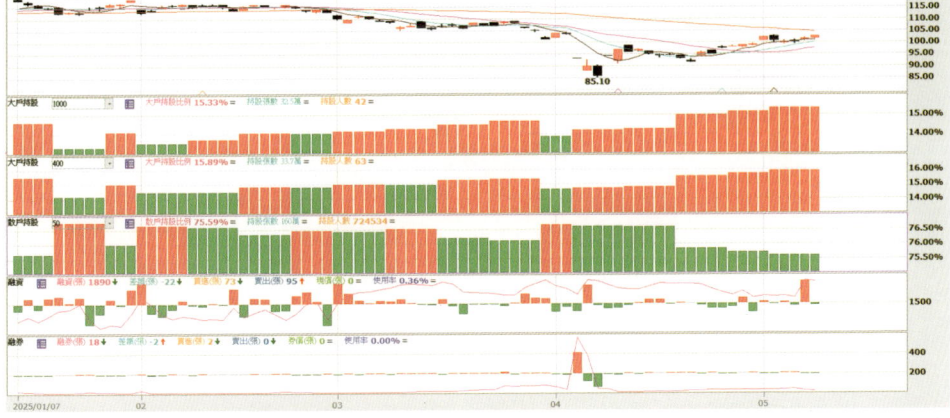

圖 42 - 2　富邦台 50（006208）的籌碼面（日線圖）　　　　資料來源：XQ 全球贏家

PART ③ 熱門 ETF 的技術線型

101

43

最新消息：台股 ETF 不受單一成分股 30% 限制！

如果你夠用功，當可以發現，本書表 39-2 記載「元大台灣 50 ETF」（0050）最新前十大持股中，台積電占了 56.12％的持股比例（截至 2025 年 5 月 9 日）；而本書表 44-1 記載了「富邦台 50（006208）」最新前十大持股中，台積電也占了 56.13％的持股比例（截至 2025 年 4 月 30 日）。那麼，你一定覺得奇怪：台股 ETF 不是有單一成分股不得超過 30％的限制嗎？

這是因為官方 2025 年 5 月 8 日發布最新消息：台股 ETF 不受單一成分股 30％限制！

台積電的買盤，可能推升台股指數

官方此舉主要針對台積電（2330），它對台積電股價與成交量大有提振作用。由於 ETF 可增加對台積電的持股比例，可能帶動對台積電的買盤，進一步推升其股價與成交量。然而，實際影響仍需觀察市場反應。台積電在台股指數中占有重要地位，ETF 增加對台積電的持股比例，有助於 ETF 更精確地追蹤大盤表現，進而可能推升台股指數。受惠於放寬限制的 30 檔 ETF，可能會調整其投資組合，增加對台積電的持股比例，以更貼近大盤表現。這可能吸引更多投資人關注這些 ETF。

「台股 ETF 不受單一成分股 30％限制」對股市的影響

項目	對股市的影響
台積電股價與成交量	由於 ETF 可增加對台積電的持股比例，可能帶動對台積電的買盤，進一步推升其股價與成交量
台股指數表現	台積電在台股指數中占有重要地位，ETF 增加對台積電的持股比例，有助於 ETF 更精確地追蹤大盤表現，進而可能推升台股指數
ETF 投資策略調整	受惠於放寬限制的 30 檔 ETF，可能會調整其投資組合，增加對台積電的持股比例，更貼近大盤表現
市場風險與監管	雖然放寬單一成分股的持股上限，但金管會仍維持前五大成分股總比重不得超過 65％的限制，以控管風險。此外，此次放寬僅適用於被動式 ETF，主動式 ETF 與共同基金的單一持股上限仍為 10％
實際效果	金管會此次鬆綁措施，旨在提升 ETF 的投資彈性，使其更貼近大盤表現，特別是對台積電的持股比例調整。這可能對台積電股價、台股指數及相關 ETF 產生正面影響，但實際效果仍需觀察市場的後續反應

表 43-1 「台股 ETF 不受單一成分股 30％限制」對股市的影響　　製表：方天龍

「台股 ETF 不受單一成分股 30％限制」的新聞來源

項目	新聞稿查詢頁面
金融監督管理委員會（FSC）	https://www.fsc.gov.tw/ch/home.jsp?id=96&parentpath=0 （2025 年 5 月 8 日）
台灣證券交易所（TWSE）	https://www.twse.com.tw/zh/page/ETF/list.html

表 43-2 「台股 ETF 不受單一成分股 30％限制」的新聞來源　　製表：方天龍

44

台灣有主動式 ETF 嗎？它有什麼特色？適合什麼樣的人持有？

是的，台灣有主動式 ETF，而且數量逐漸增加，特別是近年隨著投資人對 ETF 多樣化需求的提升，主動式 ETF 在台灣市場也逐漸受到關注。

至於什麼是「主動式 ETF」呢？主動式 ETF（Active ETF）是與傳統的被動式 ETF（追蹤指數）不同的，它不是單純複製某個指數的表現，而是由基金經理人「依照特定策略」或「判斷主動選股、配置資產」，目的是超越市場表現。

專業團隊管理，績效高風險相對較大

台灣的主動式 ETF，有一些特點，例如它通常是由專業團隊管理的，不像被動 ETF 是依指數操作。主動式 ETF 有基金經理人根據市場狀況調整投資組合，選股策略也多元化，例如高股息、成長股、價值股、ESG 等主題型投資。此外，它的流動性、透明度都比較好。雖然是主動管理，但仍需每日揭露持股，與一般 ETF 一樣可在交易市場即時買賣。不過，成本可能略高於被動 ETF，而且波動也可能較高，因為它是由經理人主動調整配置，績效不太一樣，風險相對較高。

台灣的主動式 ETF 的舉例

ETF 名稱	ETF 代碼	特色
FT 台灣 Smart（富邦）	00905	主打 Smart Beta 策略，強調選股因子如價值、品質
國泰台灣領袖 50 ETF	00922	聚焦台灣大型領導企業
群益台灣精選高息 ETF	00919	高股息主題，主動選擇穩定配息公司

表 44 - 1　台灣的主動式 ETF 的舉例　　　　　　　　製表：方天龍

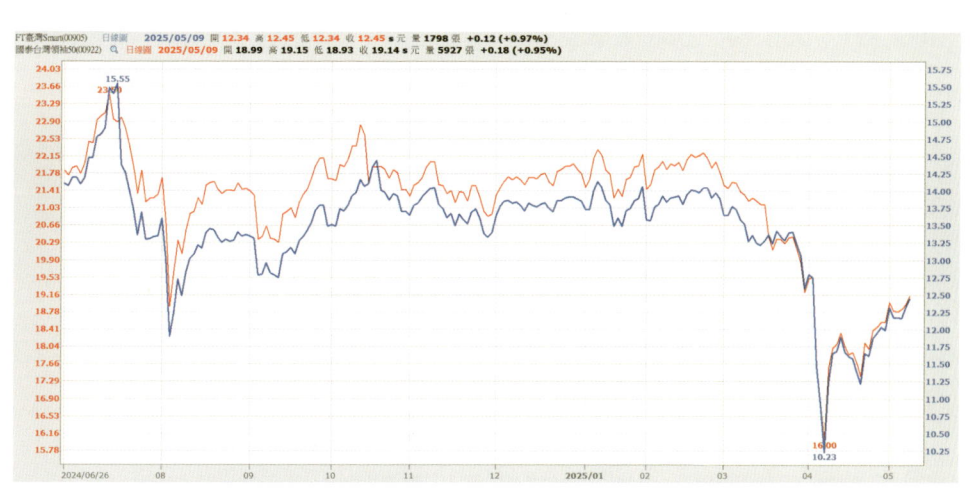

圖 44 - 1　00905 和 00922 走勢比較圖　　　　　　　資料來源：XQ 全球贏家

45

技術指標對 ETF 有用嗎？
型態學對買賣 ETF 有用嗎？

很多投資人想把「技術分析」這套工具用在 ETF 上，但是否有效？要根據 ETF 的類型與交易目的來區分。筆者認為它比較適用於「短線波段操作」。通常在高波動、高成交量的 ETF（例如 0050、0056、00632R、00676R、00878 等），每日成交量大、流動性好，K 線、均線、MACD、KD、RSI 等技術指標就有參考價值。它的功能在於抓買賣點（如 RSI <30、KD 黃金交叉等）、判斷趨勢方向（如 5 日／20 日均線交叉），以及停利、停損依據（如 MACD 轉弱）也用得上。

多檔股票的組成，波動力量被「平均」化

至於型態學（K 線型態、價格結構）對 ETF 有用嗎？筆者認為有一定參考價值，但穩定性略差於個股。因為 ETF 組成多檔股票，波動被「平均化」了。單一股票的型態容易出現「頭肩頂」「三角收斂」、「箱型整理」等明確型態，ETF 則常出現較平緩的型態，但還是能看出趨勢突破或支撐壓力區。此外，趨勢型 ETF 更容易看型態，例如 0050（大盤型）、00878（高股息），走勢趨於穩定，型態結構如「整理平台、突破走勢、W 底、M 頭」等，還是可以找出一些關鍵的買賣契機。

適合用技術指標或型態學操作 ETF 的時機

類型	適合技術分析嗎？	原因
長期投資人（定期定額）	大可不必	長期布局，技術波動無意義
中短期波段操作者	可以使用	可抓進出點，搭配基本面更佳
操作反向／槓桿 ETF 者	必須使用	時效性高，技術指標非常重要
技術派投資人	合理工具	但需選對 ETF 與時機

表 45-1　適合用技術指標或型態學操作 ETF 的時機　　　製表：方天龍

ETF 實戰中的案例和解說

策略	舉例	解說
長期投資	如 0050、00878	以基本面為主（定期定額）技術指標當作加碼／減碼參考點（如季線回檔）
短線操作	如槓桿 ETF、主題 ETF	使用技術分析為主工具結合交易量、型態結構判斷趨勢
操作重點	要用在對的情境	長期投資用基本面短期波段用技術面

表 45-2　ETF 實戰中的案例和解說　　　製表：方天龍

PAR

4

面對風險反向
操作的策略

T

46

如何用 358 均線理論來觀察 0050ETF 的中期多空訊息？

筆者在 2006 年創建的「358 均線理論」，指的是 3 日、5 日、8 日這三條移動平均線。這三條均線糾結後拉開形成黃金交叉，便是最佳買點。3、5、8 均線組合的靈感來源，主要是出自「黃金比率」。「黃金比率」是一個很奇妙的數字，運用在股票分析上，真是奧妙無窮。我獨創的 358 均線操作法，即是源於這一連串神奇數字的組合，在股市拚搏的時候，常常感覺有「天降神兵」的助力。不過，由於操作 ETF 的人主要並非短線投資客，所以最好使用「週線圖」或「月線圖」。

358 均線多空要查清楚，才能進退有據

請看圖 46-1，這是使用 0050 的週線圖，尋找方天龍買賣進出點位的秘笈。❶是買點，日期是 2023 年 11 月 13 日。我們就以收盤價作為買點（131 元），可以發現 358 均線的數據（127.73、126.18、125.58），已形成多頭排列了。❷是賣點，日期為 2024 年 9 月 2 日，收盤價為賣點，因它已形成空頭排列了。以下類推，見表 46-2 的數據，❸也是買點，2024 年 9 月 23 日，收盤價 188.9 元買進！❹為賣點，日期為 2025 年 2 月 24 日，以收盤價賣出（192.5 元）。

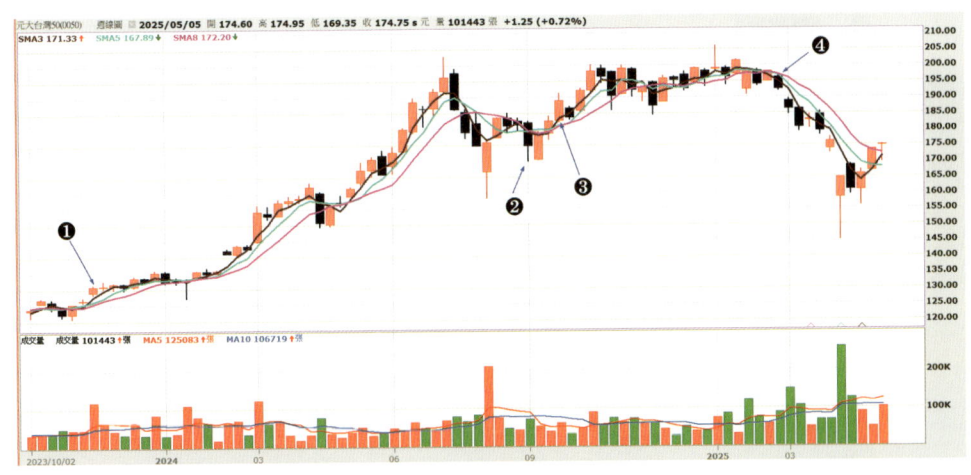

圖 46－1　使用 0050 的週線圖，尋找方天龍買賣進出點位的祕笈

資料來源：XQ 全球贏家

	日期	收盤價	358 均線的數據	操作
❶	2023.11.13.	131	127.73、126.18、125.58	多頭排列，買進！
❷	2024.09.02.	174.75	179.02、179.26、179.53	空頭排列，賣出！
❸	2024.09.23.	188.9	183.25、181.17、180.76	多頭排列，買進！
❹	2025.02.24.	192.5	194.82、196.86、196.95	空頭排列，賣出！

表 46－1　根據上面的週線圖，0050 的買賣點數據分享

製表：方天龍

PART ④ 面對風險反向操作的策略

47

如何從多頭排列與空頭排列，來看 ETF 的多空訊息？

對於正在進行股票操作的人來說，「多頭排列」與「空頭排列」確實是個很簡單的知識。不過，對於剛開始進行 ETF 投資的新手來說，可能還是股市小白，筆者認為有必要學一點多空判斷，才能有更大的勝算。多頭排列（多方訊號）就是指各期移動平均線由短至長呈現「由上而下排列」，例如：5 日均線 > 20 日均線 > 60 日均線 > 120 日均線，通常是買點。空頭排列（空方訊號）則是：5 日均線 < 20 日均線 < 60 日均線 < 120 日均線，通常是賣點。358 均線理論，也是同理可推。

判斷多空，宜先注意位階和量能

請看圖 47-1，復華台灣科技優息（00929）的均線 SMA5<SMA10<SMA20<SMA60（它的數據是 17.05<17.71<18.03<18.25），5 日均線小於 10 日均線，10 日均線又小於 20 日均線，20 日均線又小於 60 日均線，也就是說，短期均線都小於長期均線，所以是空頭排列。但圖中底部區的那根有上影線的紅 K 棒，卻是爆量的。底部爆量如果其後不再有低價，表示有大戶承接了，所以並非賣點。多頭排列與空頭排列的操作，最好觀察它的位階，以及其後三天內的股價變化，才不會跌破眼鏡。

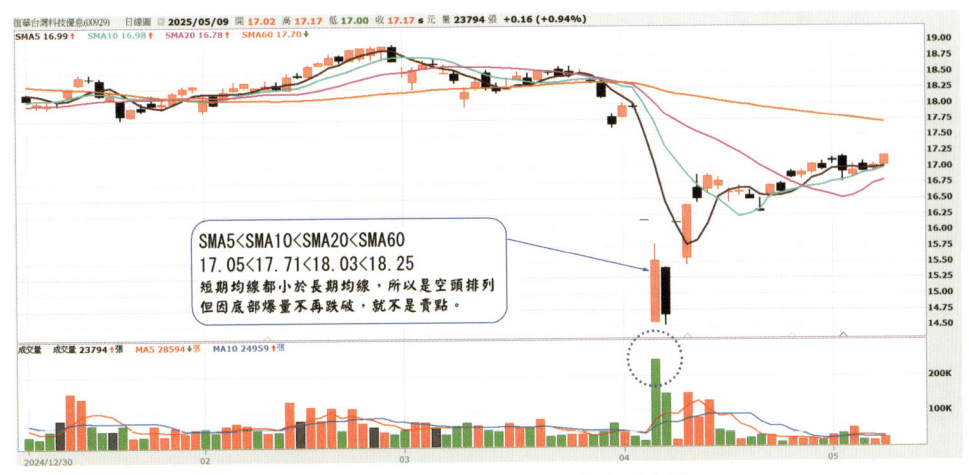

圖 47-1 復華台灣科技優息（00929）底部區的紅 K 未必是賣點

資料來源：XQ 全球贏家

常見的六條移動平均線

分類	長短期	簡稱
短期移動平均線	5 日移動平均線（SMA5）	週線
	10 日移動平均線（SMA10）	雙週線
中期移動平均線	20 日移動平均線（SMA20）	月線
	60 日移動平均線（SMA60）	季線
長期移動平均線	120 日移動平均線（SMA120）	半年線
	240 日移動平均線（SMA240）	年線

表 47-1 常見的六條移動平均線

製表：方天龍

48

如何從黃金交叉與死亡交叉，來看 ETF 的多空訊息？

除了多頭排列、空頭排列的訊號，可以看出適合做多、做空之外，「黃金交叉」和「死亡交叉」的概念也適合於技術指標的觀察。凡是短天期均線由下往上突破長天期均線，稱為「黃金交叉」，這是多頭進場訊號；相反的，短天期均線由上向下跌破長天期均線，稱為「死亡交叉」，為空頭賣出訊號。黃金交叉與死亡交叉的概念，並不只限於「移動平均線」（MA），也適用於其他多數具有「雙線交叉」設計的技術指標。這些交叉點，同樣可以用來判斷多空趨勢的轉折。

利用快慢雙線的設計，技術指標容易判斷

請看表 48-1，從「常見技術指標中的黃金交叉與死亡交叉應用」這個表裡，可以悟出：技術指標雙線交叉的核心，就在於「趨勢動能的轉變」。無論均線之間的交叉，或其他技術指標（如 MACD、KD）線的交叉，都反映短期走勢對長期趨勢的挑戰或順勢發展。所以，只要該技術指標具有「快慢雙線」的設計，就可以觀察交叉訊號來判斷多空轉折。同時最好能搭配成交量，因為有量能支持，可信度更高。此外，避免單獨判斷，最好能結合趨勢線、形態、支撐阻力等輔助工具加以判斷。

常見技術指標中的黃金交叉與死亡交叉應用

指標名稱	技術指標的應用	特色
MACD	黃金交叉：MACD 線（快線）上穿訊號線（慢線）→ 偏多訊號 死亡交叉：MACD 線下穿訊號線 → 偏空訊號	具備領先於均線的能力，常與柱狀圖搭配觀察動能變化
KD 指標	黃金交叉：K 線上穿 D 線（特別是低檔區 <20）→ 短期偏多訊號 死亡交叉：K 線下穿 D 線（特別是高檔區 >80）→ 短期偏空訊號	偏向超買超賣判斷，適用短線交易
RSI 雙線版（相對強弱指標）	某些版本會加入一條平滑 RSI 均線，形成雙線 RSI。可觀察 RSI 本體與其均線是否出現交叉，作為動能轉折訊號	不如 MACD、KD 普遍，但也有交易者採用
DMI／ADX（方向指標）	+DI 線上穿 －DI 線 → 看作偏多（類似黃金交叉） －DI 線上穿 +DI 線 → 看作偏空（類似死亡交叉）	需搭配 ADX 強度指標判斷趨勢是否有效

表 48-1 常見技術指標中的黃金交叉與死亡交叉應用　　　　　製表：方天龍

49

景氣榮枯時，
ETF 的最佳進場時機。

不同類型的 ETF，都有不同的最佳進場時機，不過，「總體經濟」對它的影響是滿大的，尤其它是「一籃子股票」的概念，當然要從經濟指標去預估景氣的波動。在不同的景氣循環階段，選擇適合的 ETF 類型與進場時機，可以大幅提高投資的勝率。請看表 49-1，景氣階段可分為衰退期、復甦期、擴張期、高峰期（過熱）。用總體經濟數據判斷景氣階段，首重領先指標（如 PMI、消費者信心指數），然後是就業報告、GDP 成長率、通膨數據（CPI）以及央行政策動向（升／降息）。

依據景氣信號燈進出，求穩為主

請看表 49-2，以上的總體經濟學或許較為艱澀難懂，我們可以簡單地從台灣國發會每月公布一次的「景氣信號燈」作為依據。藍燈出現時，我們可以防禦型、債券型、高股息型 ETF 作為資產配置。黃藍燈時，科技成長、消費型 ETF，逐步加碼。綠燈時，著重在金融、能源、工業、原物料 ETF。黃紅燈時，減碼高波動 ETF，轉進穩健型 ETF。紅燈出現時，就轉守為攻，採取資金避險措施，在債券、短債、高股息、黃金 ETF 方面，求穩為主。

不同景氣階段，有不同進場策略

景氣階段	經濟特徵	ETF 選擇重點	最佳進場時機
衰退期（Recession）	經濟萎縮、利率低、就業疲弱	債券、金價、防禦型產業（如公用事業、醫療）	景氣最壞、政策開始寬鬆時，提前布局防禦型 ETF
復甦期（Recovery）	經濟開始復甦、利率仍低	成長型股票、科技類 ETF、週期性消費	景氣指標轉正初期，技術面底部剛形成，進場成長股 ETF 最佳時機
擴張期（Expansion）	經濟成長穩定、企業獲利提升	金融、工業、原物料、能源 ETF	企業財報轉佳、通膨預期升高時，進場週期性 ETF
過熱／高峰期（Peak）	通膨高漲、利率可能上升	高股息 ETF、防禦型 ETF、短債 ETF	利率開始緊縮前，轉進高股息或短期債券 ETF 避風頭

表 49-1　不同景氣階段，有不同進場策略　　　　　製表：方天龍

景氣信號燈適合對 ETF 的操作方式

燈號	分數區間	景氣狀況	對 ETF 操作意涵
藍燈	9 分以下	景氣低迷（谷底）	進場布局防禦型或提前卡位成長型 ETF
黃藍燈	10 至 16 分	景氣逐步復甦	開始分批布局成長型、週期型 ETF
綠燈	17 至 23 分	景氣穩定擴張	波段持有、順勢加碼週期性 ETF（能源、金融）
黃紅燈	24 至 31 分	景氣過熱警訊	留意估值過高，考慮調節、轉防禦型 ETF
紅燈	32 分以上	景氣過熱、可能反轉	分批減碼風險資產、進場債券或高股息 ETF

表 49-2　景氣信號燈適合對 ETF 的操作方式　　　　　資料來源：國發會

PART ④ 面對風險反向操作的策略

50
什麼叫做「系統性風險」？

我們常說「覆巢之下無完卵」，這種概念可說約略等於「系統性風險」（Systemic Risk）。系統性風險是金融投資中的一個重要概念，指的是整體市場或經濟體系的全面性風險，這類風險無法靠分散投資來完全消除，即使你持有的是 ETF，也會受到系統性風險的影響。系統性風險是指會影響整個市場或金融體系的風險來源，與個別企業或產業無關，屬於「全面性風險」。

ETF 分散風險，卻屬於非系統性風險

舉例來說，金融海嘯（2008 年）、COVID-19 疫情爆發（2020 年）、全球央行升息循環、地緣政治風險（如俄烏戰爭、中美衝突）、通膨與經濟衰退預期等，這些事件往往會讓所有資產同步下跌，無論你投資的是 ETF、基金或個股。

ETF 的優勢，雖然因持有多檔股票（特別是指數型 ETF），能有效分散個股特有風險（如單一公司倒閉、業績失常），但這叫做「非系統性風險」，本質上也是 ETF 的一種限制：仍然無法躲避系統性風險！

持有 ETF 應對系統性風險的策略

資產配置多元化	股票型 ETF + 債券型 ETF + 黃金 ETF + 現金等資產,在市場劇烈震盪時可降低整體波動度
適度避險	可考慮反向 ETF(如反 1、反 2)、VIX 波動率商品,在下跌時對沖部分損失。例如:美國的 SDS(做空 S&P 500)
動態調整部位	根據景氣信號燈、技術面訊號調整股票 ETF 與債券 ETF 的比重。景氣高點轉向時減碼股市部位
持有防禦性 ETF	例如高股息、醫療、公用事業 ETF 在系統性風險中,波動較小 持有它,可能有避險效果

表 50-1　持有 ETF 應對系統性風險的策略　　　　　　製表：方天龍

51

恐慌指數和系統性風險的關係

「恐慌指數」（VIX 指數，Volatility Index）與「系統性風險」的關係非常密切，可以說是系統性風險的「溫度計」。VIX 是芝加哥期權交易所（CBOE）編製的「波動率指數」，反映市場對未來 30 天的預期波動性。當 VIX 高的時候，市場的不確定性就高，投資人會恐慌，這時系統性風險上升；當 VIX 低的時候，市場穩定、信心高，於是系統性風險也就較低。

記取 VIX 高升風險，適時整持股比例

VIX 與股市的關係，通常是「反向走勢」（請看圖 51-1）。也就是當股市跌，VIX 就漲。如果市場對未來劇烈波動的預期上升，是「潛在風險」的信號。至於 VIX 多少，算是高點呢？2008 年金融海嘯時，系統性信貸風險爆發，那時 VIX 是在 80 以上（歷史新高）。2020 年 COVID-19 爆發，全球經濟停擺、恐慌拋售，那時 VIX 約在 85。2022 年俄烏戰爭初期，加上升息壓力，導致地緣與經濟雙風險，那時 VIX 約在 35 至 40。在市場風險升高時，ETF 策略必須調整持股比例、提高現金部位，甚至應搭配避險型 ETF，如債券、黃金、高股息 ETF 等。

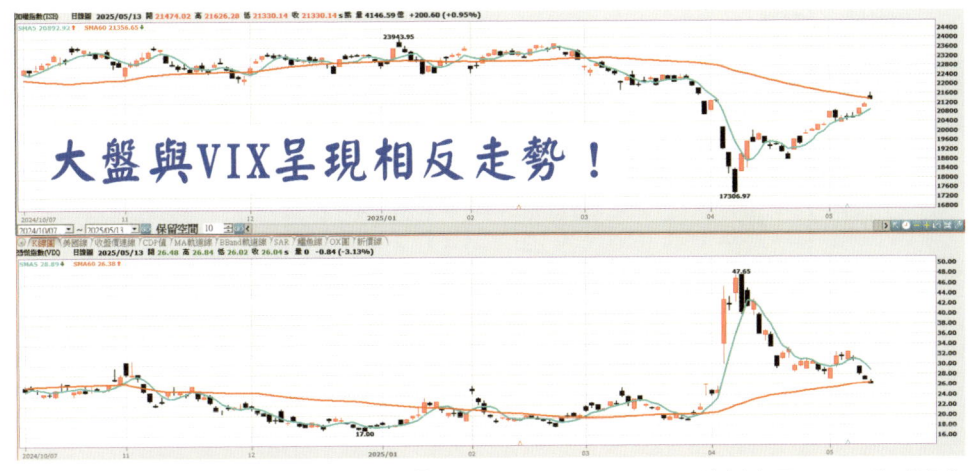

圖 51-1　VIX 與股市的關係，通常是「反向走勢」　　　　資料來源：XQ 全球贏家

VIX 數值區間的解讀（風險對應）

VIX 數值	市場狀況	系統性風險水準
10 至 15	非常穩定，市場冷靜	極低
15 至 20	正常波動	中性
20 至 30	開始擔憂（修正期）	偏高
30 至 40	明顯恐慌（發生重大事件）	高
40+	極度恐慌（金融危機級別）	極高

表 51-1　VIX 數值區間的解讀（風險對應）　　　　製表：方天龍

52

「黃仁勳概念股」主何吉凶？

近幾年，華裔名人黃仁勳來台，都引起轟動，甚至粉絲都會追蹤到他去的夜市小吃，可見極受歡迎的他，會給台灣帶來只有福份和幸運。所以，「黃仁勳概念股」自然是好的一面。它指的是與輝達（NVIDIA）及其執行長黃仁勳密切合作的台灣科技供應鏈企業，涵蓋晶片設計、晶圓代工、AI 伺服器組裝等領域。這些企業在人工智慧（AI）技術快速發展的背景下，成為市場關注的焦點。對於投資人來說，透過相關的 ETF（交易所交易基金）可以有效參與這一成長趨勢。

三檔相關 ETF，可望持續穩健成長

AI 產業非常有潛力，隨著 AI 應用的普及，相關供應鏈企業的業績有望持續增長。對於台灣科技產業來說，台灣在晶片設計、製造及組裝方面具備全球競爭力。透過 ETF 投資的分散風險，可分散單一企業的風險，降低投資組合的波動性。至於涵蓋「黃仁勳概念股」的主要 ETF，則包括國泰台灣科技龍頭 ETF（00881）——前身為國泰台灣 5G+ETF（請看圖 52-1），還有「富邦科技 ETF」（0052）、元大電子 ETF（0053）等（請看圖 52-2，這兩檔 ETF 的走勢比較）。

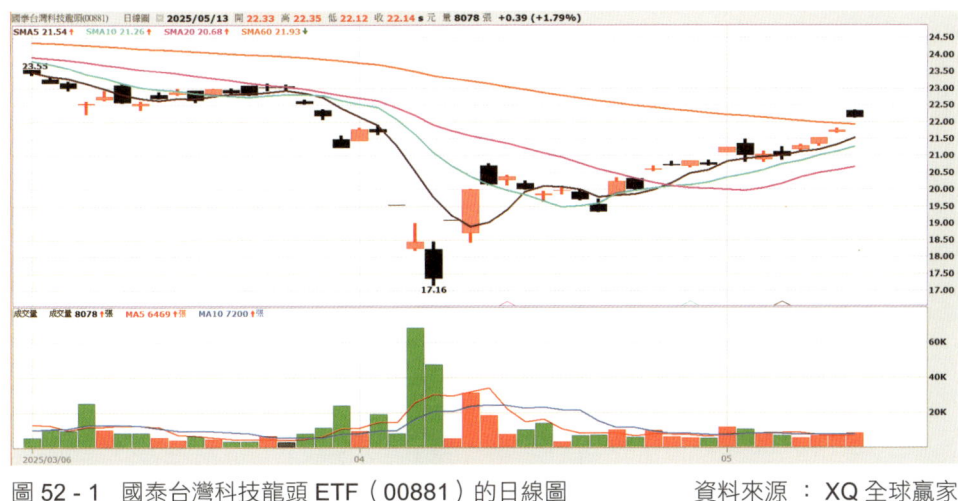

圖 52-1　國泰台灣科技龍頭 ETF（00881）的日線圖　　　　　　資料來源：XQ 全球贏家

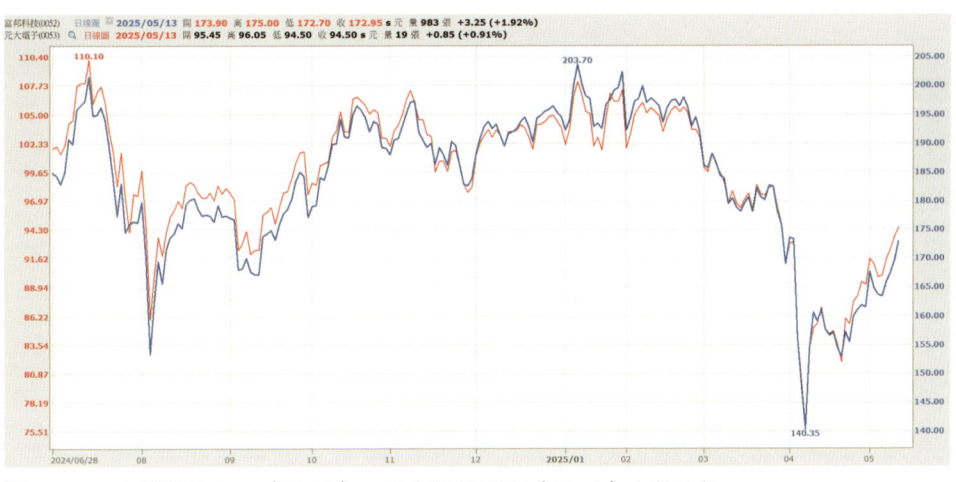

圖 52-2　富邦科技 ETF（0052）、元大電子 ETF（0053）走勢比較

　　　　　　　　　　　　　　　　　　　　　　　　　　　資料來源：XQ 全球贏家

PART ④ 面對風險反向操作的策略

123

53
大盤轉空時，如何投資「反向」ETF？

傳統正向 ETF 是「看漲市場行情」，那麼萬一「事與願違」、當大盤「轉空」（也就是進入下跌趨勢）時，怎麼辦呢？——也有所謂的「反向 ETF」（Inverse ETF）是一種可以放空市場、賺取指數下跌利潤的工具。這類 ETF 是專為「下跌行情中避險或獲利」設計的，所以 ETF 操作起來非常靈活。

反向 ETF 運作的原理，就是當大盤下跌 1%，它就上漲 1%（1 倍反向）；大盤下跌 2%，它就上漲 4%（2 倍反向）；當大盤上漲 1%，它就下跌 1%（1 倍反向），如此類推。

反向 ETF，走勢就是背道而馳

台灣常見反向 ETF，包括「元大台灣 50 反 1」，它追蹤的是反向的 0050。它是目前最熱門，同時交易量也很大的一檔反向 ETF。其次是「富邦台反 1」，它也是追蹤反向的 0050。

至於「國泰永續高股息反 1」（00701R），則追蹤的是反向高股息 ETF；「國泰臺指反 1」（00664R）追蹤的是反向台指期。這一檔多半是被用來短線避險。此外，還有一檔「國泰 20 年美債反 1」（00664R）追蹤的是反向長天期美債 ETF，可以說是美債空頭策略之用。

台灣常見的幾檔反向 ETF

ETF 代號	名稱	追蹤方向	倍數	特色
00632R	元大台灣50反1	反向0050	-1倍	最熱門、交易量大
00676R	富邦台50反1	反向0050	-1倍	類似用途，流動性略低
00701R	國泰永續高股息反1	反向高股息ETF	-1倍	特殊應用
00664R	國泰臺指反1	反向台指期	-1倍	偏向短線避險
00689R	國泰20年美債反1	反向長天期美債ETF	-1倍	美債空頭策略用

表 53-1 台灣常見的幾檔反向 ETF　　　　　　　　　　製表：方天龍

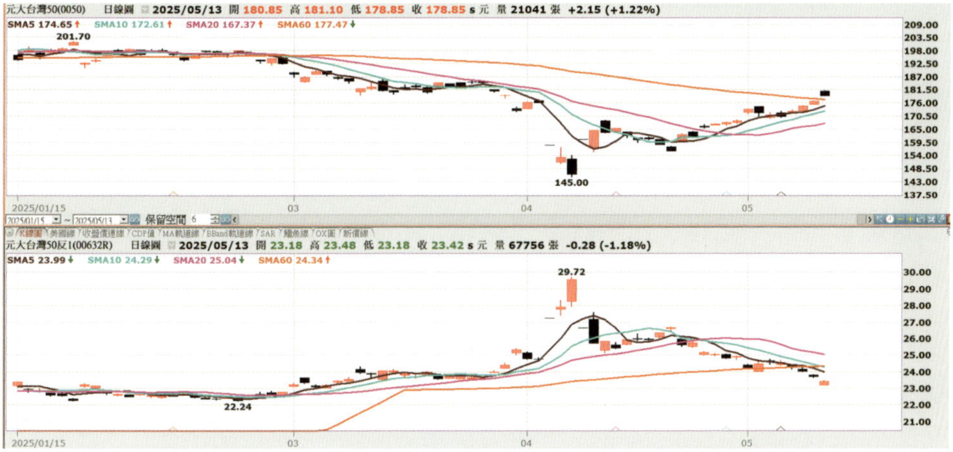

圖 53-1 「元大台灣50反1」和「元大台灣50」的走勢，就是背道而馳

資料來源：XQ 全球贏家

54

何時是操作反向型 ETF 的好時機？

2025年4月7日台股發生大股災，手上有持股的人都受了重傷——全面跌停，誰也逃不掉，尤其是期貨市場，更是哀鴻遍野。人生如果都能「未卜先知」，當然是大贏家。問題是：有時並不知道發生超級利空的確切時日。大家都看到川普上任後，一直在製造國際性的利空，但誰想到就在4月7日突然出現全面跌停呢？有些人做期貨因槓桿太大，一旦跌停就得補款救濟，如果一時自作聰明，認賠了事之後，反手作空，豈料次日又是全面漲停，竟因被軋空而兩面挨巴掌！

山雨欲來風滿樓，大盤轉空有警訊

不過，大盤轉空還是有些訊號出現的。從景氣面來說，景氣燈號連續亮出「藍燈」或「黃藍燈」、PMI（採購經理人指數）跌破50、央行緊縮（升息、收縮資金）等，都足以產生警訊。從技術面來看，指數跌破年線（240日）、均線黃金交叉轉為死亡交叉（例如SMA5跌破SMA20和SMA60）、成交量在爆出天量之後突然大幅萎縮、反彈無量等，都是「山雨欲來風滿樓」的訊息。總之，使用這種反向ETF，宜以短線為主，因為長期持有這種ETF，會有「複利被侵蝕」的問題。

反向 ETF 操作策略

項目	反向 ETF 操作策略
避險用法	當你有正向 ETF 部位（例如 0050），但預期短期下跌，可買進反 1 來「部分對沖風險」 做法：持有 0050，同時短期買入 00632R 目的：對沖短期波動，降低帳面損失
短線波段獲利	如果你能看準下跌趨勢，可直接買進反 1 ETF 賺取跌幅 做法：技術面轉空，建立反 1 ETF 部位 區間：以 5～15 個交易日內為佳，避免複利被侵蝕
搭配槓桿 ETF（風險高）	可用槓桿反向 ETF 放大報酬，但風險與波動也會倍增

表 54 - 1　反向 ETF 操作策略　　　　　　　　　　　製表：方天龍

基本面轉弱的訊號

轉弱徵兆	說明
景氣燈號轉藍燈	台經院或國發會發布的景氣指標轉弱
PMI 跌破 50	採購經理人指數，代表經濟活動收縮
央行升息	增加企業融資成本，壓抑股市表現
企業獲利預測下修	多數公司財報展望轉保守，市場失去信心

表 54 - 2　基本面轉弱的訊號　　　　　　　　　　　製表：方天龍

55

即將崩盤時可選擇哪些「反向」ETF？

古語說：「禍兮福所倚，福兮禍所伏。」意思是：禍與福互相依存，福往往因禍而生，禍中也常潛伏有福的因子。在股市中，股災是投資人無法承受的「痛」。不過，如果歷經多次崩盤經驗的老手，應知道崩盤也有「賺錢」的機會！那就是：當台股即將崩盤，可考慮買「反向ETF」，這些ETF設計用來在台股下跌時獲利，主要以加權指數（台灣50、大盤）、電子類股、半導體為追蹤對象。

大盤、電子、半導體，往往是征戰所在

台股常見的反向ETF有00632R（元大台灣50反1）、00676R（富邦台50反1）、00664R（國泰台灣加權反1）。電子類股反向ETF和半導體類股反向ETF，目前台股比較難找到，可能因為參與者少，成交量無法放大。但所有的台股反向ETF都是1倍反向（-1x），不提供槓桿（目前台灣法規不允許高槓桿反向ETF）。此外，這些反向的ETF僅適合短線操作，尤其是用來避險或短期看跌。請看圖55-1和圖55-2圖上的註解，即可知道反向的ETF容易被多頭報復性反彈而改變一切。所以，只能以短線因應，否則恐怕會「弄巧成拙」。

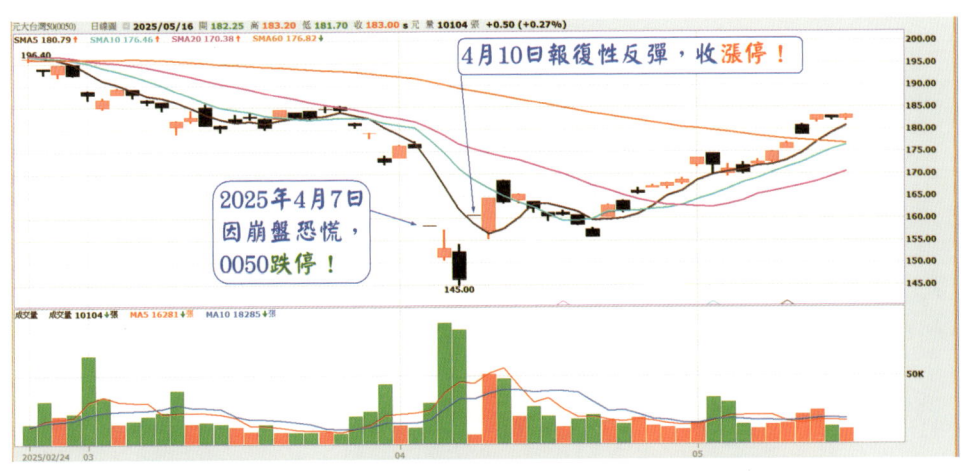

圖 55 - 1 「元大台灣 50」在 2025 年 4 月 7 日股災時，亦未能倖免於跌停

資料來源：XQ 全球贏家

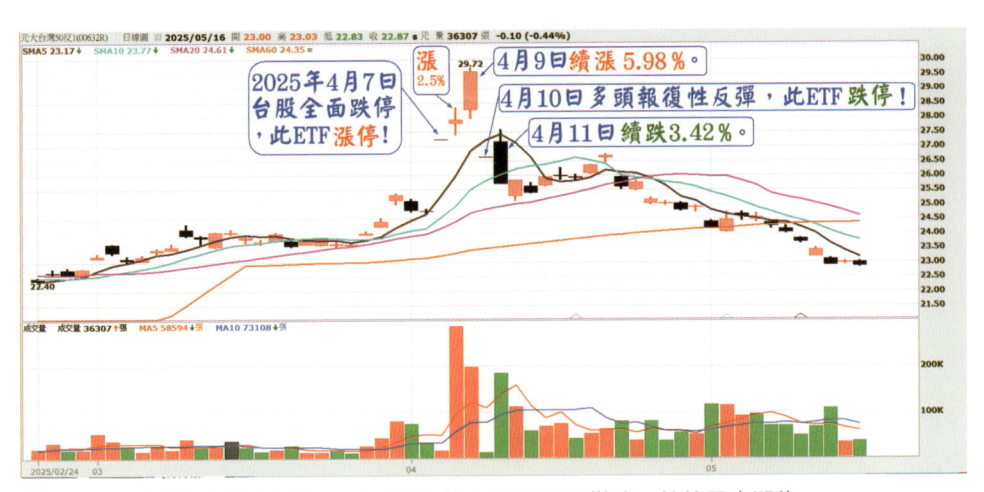

圖 55 - 2 「元大台灣 50 反 1」在 2025 年 4 月 7 日股災時，赫然開出漲停

資料來源：XQ 全球贏家

PART ④ 面對風險反向操作的策略

129

56

為什麼台股崩盤時可考慮買電子或半導體類股反向 ETF ？

當台股即將或正在崩盤時，考慮買進電子類股反向 ETF（目前比較難找到標的，但思維是對的），是因為電子股（尤其是台積電等大型權值股）對大盤有高度影響力，通常在市場下跌時，電子權值股占台股比重大（往往在台股市值占比超過 60％）。台積電（2330）一檔就占了台股大盤（加權指數）近 30％ 權重。一旦台積電、聯發科、鴻海等大型電子股下跌，整個大盤難以獨善其身。所以做空電子股，等於做空台股大盤。

電子股跌勢往往快又深，反向 ETF 受益更明顯

其次，當崩盤時，電子股跌幅通常更劇烈。電子產業本身波動大，法人與外資會率先出脫電子權值股來快速降低部位。因此電子股跌勢往往快又深，反向 ETF 受益更明顯。

此外，雖然反向 ETF 在台灣都是 -1 倍，但因電子股波動性高，反向 ETF 價格反應會更強烈。電子類反向 ETF 在短期回檔時，可能漲幅比台灣50反1更大。尤其如果我們預測的是「電子業出問題」（如：科技股泡沫、半導體庫存過高），直接買電子類反向 ETF 能更有效對沖風險。

台股電子權值股市值比重排行榜

	股票代號	公司名稱	市值占大盤比重
1	2330	台積電	31.51%
2	2317	鴻海	3.24%
3	2454	聯發科	2.98%
4	2382	廣達	1.77%
5	2308	台達電	1.38%
6	3711	日月光投控	1.10%
7	2303	聯電	1.02%
8	6669	緯穎	0.62%
9	3034	聯詠	0.57%
10	3231	緯創	0.57%

表 56-1 台股電子權值股市值比重排行榜（2025／05／16） 製表：方天龍

57

反向型 ETF 需不需要付管理費？配不配息呢？

反向型 ETF 和一般 ETF 一樣，由投信公司（如元大、國泰、中信等）發行與管理，必然會收取以下費用：❶經理費。支付給基金公司作為管理資產的報酬（如 0.5%）。❷保管費。支付給銀行或保管機構的保管服務費。❸總費用率（TER）。一般為 0.4%～1.0%／年。總費用率（Total Expense Ratio，簡稱 TER）是一個衡量 ETF 或共同基金經營成本的指標。它表示基金每年從資產中提取的 管理費用總和占基金資產的比例，通常以百分比表示。

反向 ETF，要付管理費但通常不配息

如果一檔 ETF 的總費用率是 0.5%，意思是：每年從你的資產中扣除 0.5% 的費用，假設你投資了 100 萬元，那麼一年大約會扣掉 5,000 元 管理成本（已隱含在淨值裡）。這個費用不會另外開帳單給你，但會每天「悄悄地」從 ETF 的淨值中扣除。

反向 ETF 主要目的是避險或短線操作，不是為了長期收益或配息，所以，標的本身不產生現金流：例如「台灣 50 指數的反向表現」本身不會產生股利或收益。

反向 ETF 的常見問題與解答

問題	解答
管理費	要付管理費（約 0.5%～1%／年）
配息	通常不會配息
如何扣款	內含於淨值中，自動計入

表 57-1　反向 ETF 的常見問題與解答　　　　　　　　製表：方天龍

台股主要反向 ETF 費用比較

代號	ETF 名稱	管理費(%)	保管費(%)	總費用率(%)
00686R	群益台灣加權反 1	0.34	0.06	0.40
00664R	國泰台灣加權反 1	0.75	0.25	1.00
00632R	元大台灣 50 反 1	1.00	0.04	1.04
00753R	中信中國 50 反 1	0.75	0.25	1.00

表 57-2　台股主要反向 ETF 費用比較（截至 2025 年 5 月）

資料來源：永豐金證券

58

半導體 ETF 為何這麼多？
如何投資它們？

半導體 ETF 之所以這麼多，是因為半導體產業在現代科技中占據關鍵性地位，再加上全球投資人對科技與未來成長產業的高度關注，使得這個領域成為 ETF 設計與投資的熱門焦點。

半導體是現代電子產品（如手機、電腦、車用電子、AI 伺服器）的核心，應用領域廣泛，包括：AI 與機器學習、5G 網路、自駕車、雲端運算與資料中心、軍事與太空科技等。同時，半導體業受景氣循環與創新技術影響大，因而報酬與風險都相對高。

半導體景氣循環劇烈，淨值可能大起大落

不過，投資半導體 ETF 宜注意波動性。因半導體景氣循環劇烈，ETF 淨值可能大起大落。其次，它的槓桿 ETF 風險高，僅適合短期操作。此外，不同 ETF 的管理費用與表現可能有差距。此外，如果是投資海外的 ETF，需留意美元等幣值變動。

基本上，投資半導體 ETF，最好是定期定額，長期投資、攤平成本。同時，據 AI 熱潮、晶片短缺、地緣政治等訊號布局，採趨勢操作。定期檢查績效、再平衡、並根據總體經濟調整策略。

台股半導體 ETF 總覽

ETF 代號	名稱	投資主題	配息頻率	特色與投資方向
00891	中信關鍵半導體 ETF	台灣半導體全產業鏈 + ESG	季配息（2/5/8/11月）	涵蓋台灣半導體上、中、下游產業鏈，並加入 ESG 永續因子，前五大成分股包括聯發科、台積電、聯電、日月光投控、聯詠
00892	富邦台灣半導體 ETF	台灣核心半導體	半年配息（7/11月）	聚焦台灣半導體龍頭企業，前五大成分股包括台積電、聯發科、聯詠、瑞昱、力旺，權重集中於台積電
00927	群益台灣半導體收益 ETF	半導體成長 + 收益	季配息	結合主題式投資與存股概念，追蹤「台灣半導體收益指數」，涵蓋晶圓代工、IC 設計、封裝測試等
00941	中信上游半導體 ETF	半導體設備與材料	無配息	鎖定上游半導體設備與材料廠商，追蹤「ICE FactSet 上游半導體指數」，投資範圍涵蓋全球相關企業
00947	台新臺灣 IC 設計 ETF	IC 設計產業	季配息	聚焦台灣 IC 設計公司，採用動能指標汰弱留強策略，抓住強勢 IC 設計股的獲利機會
00904	台新臺灣半導體 ETF	半導體全產業鏈	季配息	成分股平均分布在半導體上、中游供應鏈，2024 年上半年含息報酬達 29%

表 58 - 1 台股半導體 ETF 總覽　　　　　　　　　　製表：方天龍

59

如何從證交所查到 ETF 的第一手數據？

要從證交所查到 ETF 的第一手數據（如每日淨值、成交量、成分股等），可依以下方式進行。以台灣證券交易所（TWSE）和證券櫃檯買賣中心（OTC）為例，這是多數台灣 ETF 掛牌的主要市場。查詢 ETF 基本資料與即時資訊的網址：https://www.twse.com.tw/zh/index.html（路徑：首頁→商品資訊→ ETF 專區）；或證券櫃檯買賣中心查詢 ETF 專頁：https://www.tpex.org.tw/zh-tw/product/etf/product/detail.html?type=domestic&code=006201。此外，「公開資訊觀測站」也可以查到各種訊息，若外界報導有誤，這裡也有該公司的「澄清」消息，可以多多利用。

查詢「成分股」不求人，上網查詢立刻得知

以上這些網址，可查詢內容包括：ETF 名稱與代碼、每日收盤價、淨值（NAV）、折溢價率、成交量、成交金額、構成證券（持股成分）、淨值報告（每日／每月）等。

這些網址，也可以查詢 ETF 成分股（持股明細），路徑：ETF 專區 → 選擇 ETF → 點選「成分股明細」。成分股通常每日或每週更新，格式為 CSV 或 PDF。甚至還可以下載歷史淨值與折溢價資料，路徑：ETF 專區 → 點選個別 ETF → 點「歷史淨值」。

ETF受理申報案件情形

案件生效日若遇到證券交易市場因天然災害而休市時，順延至次一營業日(證券市場交易日)。

收文日期	案件狀態	ETF名稱	案件類別	幣別/額度	發行價格	募集地	投資地	生效日期	案件性質
114/04/09	審查中	統一美國50ETF證券投資信託基金	首次募集	新臺幣200億元	10	國內	國內外	114/05/22	30日申報生效制
114/03/18	生效	群益優選收益非投資等級債券ETF證券投資信託基金	追加募集(2)	新台幣200億	10	國內	國內外	114/03/27	7日申報生效制
114/03/18	生效	國泰大三元ETF傘型證券投資信託基金之美國費城半導體證券投資信託基金	追加募集(1)	新臺幣180億	15	國內	國內外	114/03/27	7日申報生效制
114/02/13	生效	富邦台灣溢零轉型ESG 50 ETF證券投資信託基金	首次募集	最低新臺幣二億元，無上限。	10	國內	國內	114/03/04	12日申報生效制
114/02/10	生效	新光美國電力基建息收ETF證券投資信託基金	首次募集	新臺幣200億元	10	國內	國內外	114/03/25	30日申報生效制
114/01/16	生效	群益0-5年期ESG投資等級公司債ETF證券投資信託基金	首次募集	新臺幣200億	10	國內	國內外	114/03/11	30日申報生效制
114/01/09	生效	群益優選收益非投資等級債券ETF證券投資信託基金	追加募集(1)	新臺幣200億	10	國內	國內外	114/01/20	7日申報生效制

圖 59 - 1　台灣證券交易所受理申報 ETF 的案件，都可以在該公司網站查詢

資料來源：台灣證券交易所

60

「e添富」一站式ETF整合資訊平台是什麼？

很多投資人很少注意ETF官方的網站，但很多資訊都會在官網披露，所以台灣證交所有一個專為服務ETF投資人的「e添富」一站式ETF整合資訊平台，只等著你來利用。「e添富」是由台灣證券交易所籌設並維護，屬於官方網站。其網址為：https://www.twse.com.tw/zh/ETFortune/index，提供中英文介面，方便國內外投資人使用。

彙整投資人關心的統計資訊，相當周全

「e添富」平台主要功能包括：❶市場統計資訊：透過視覺化分析工具，彙整投資人關心的統計資訊，如ETF檔數、資產規模、成交狀況、配息月份及各項排名等。❷投資趨勢及策略分享：邀請市場專家分享正確且客觀的投資趨勢及策略，破除投資誤解或迷思。❸ETF投資篩選器：根據投資人的需求，透過篩選器的量化或質化指標，快速篩選出符合條件的ETF，找出符合自己投資策略的ETF。❹平台還提供配息行事曆、ETF基本資料查詢、達人講BAR等功能，方便投資人查詢每月配息資訊及深入了解ETF商品。

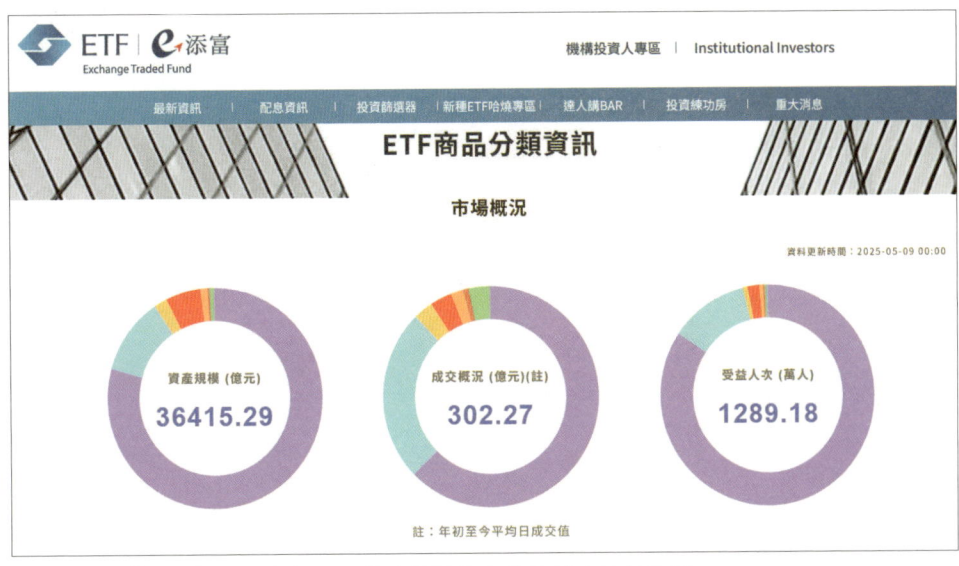

圖 60 - 1　「e 添富」一站式 ETF 整合資訊平台的受益人統計資料

資料來源：e 添富

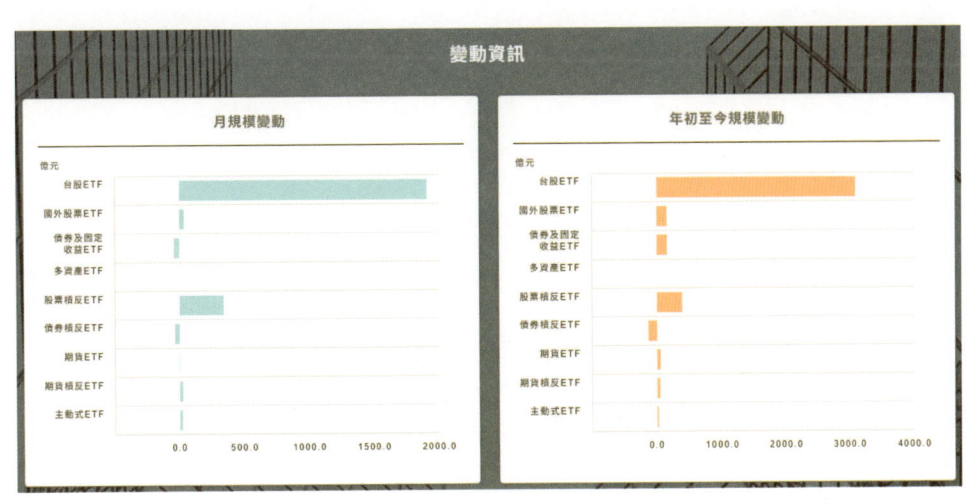

圖 60 - 2　「e 添富」一站式 ETF 整合資訊平台的 ETF 統計資料

資料來源：e 添富

PAR

5

定期定額投資
ETF 的方法

T

61

如何用「定期定額」的方法，投資 ETF？

筆者於 1998 年左右，先後寫了兩本書：《定時定額基金投資手冊》、《定時定額基金投資大全》，那是當時最熱門的投資方式。其實「定期定額投資 ETF」和「定時定額購買基金（共同基金）」有些相似之處，但也有本質上的差異。它們都是「每隔固定時間，以固定金額投資」的方式分散風險、平均成本，且可減少情緒干擾。台灣多家券商、銀行都提供這兩種方式來幫助自己存錢。據估計，每月投資 3,000 元，由於複利的效應，27 年後的本利和可達 3,000 萬元。

可像股票一樣買賣，顯然比較靈活

一個剛畢業的新鮮人（約 23 歲），當他 50 歲就有 3,000 萬元，豈不「錢」途似錦？但如果已經 50 歲才準備開始，不嫌太遲嗎？所以，用「定期定額」的方法投資 ETF，依然可以像股票一樣隨時買賣，顯然比較靈活。這是 ETF 與傳統基金最大不同之處。假設你每月投資 3,000 元到「0050 元大台灣 50」，無論市場漲跌，每月固定日扣款投資，10 年後，你可能投入 36 萬元，但資產價值可能超過 50 萬或更多（依照市場報酬）。若 ETF 有配息，你大可選擇再投入，求取複利的更大效益。

用定期定額投資 ETF 的優勢

優勢	解說
分散風險	ETF 本身就是一籃子股票，分散了單一公司的風險
成本平均	定期買進，價格高時買少、低時買多，平均成本
不需盯盤	自動扣款、投資，適合忙碌上班族
長期累積資產	透過時間與複利累積財富

表 61-1　用定期定額投資 ETF 的優勢　　　　　製表：方天龍

定期定額買 ETF 與定期定額買基金的不同

項目	定期定額買 ETF	定期定額買基金
交易方式	像股票一樣「掛牌交易」，即時報價，可隨時買賣	「當日結算」，依基金公司每日淨值計算，不能即時掛單
成交價格	當天市場價格波動（有開盤、收盤價）	當日的淨值（NAV），通常收盤後才知道價格
透明度	較高，可看到持股內容、即時價格	較低，通常每月或每季才公布持股內容
手續費	較低或幾乎免費（某些券商 ETF 定期定額 0 手續費）	一般約 1%至 2%（甚至更高），雖然可享折扣，但仍相對較高
買賣自由	可以隨時加碼或賣出	通常須等 T+1 至 T+3 日才能贖回，限制較多
配息	ETF 通常有配息（尤其高股息型）	多數基金是屬於「累積型」，不配息

表 61-2　定期定額買 ETF 與定期定額買基金的不同　　　　　製表：方天龍

62

定期定額買 ETF 的一般流程是如何？

定期定額買 ETF，其實是一種非常睿智的策略。「定期」是指固定的時間買進（例如每月一次）；「定額」是指每次投入的金額都一樣（例如 3,000 元、5,000 元）。這明顯就是一種「攤平」成本的策略。這種投資方法，最重要的概念就是：由於每次投入的金額一樣，所以在股價高檔時，買到的單位數會少一點；在股價低檔的時候，買到的單位數會多一點。這樣平均下來，「單位成本」自然就可以降低。只要「戲棚下待久了，就會是你的。」長期抗戰結果，一定是贏家。

讓它自動扣款，可省時省力

定期定額買 ETF 的一般流程如下：❶開立證券戶，並綁定銀行帳戶。❷選擇你要定期定額的 ETF 標的（見表 62-1）。❸在券商 App（或網站）設定定期定額條件（見表 62-2），輸入 ETF 代號（例如 0050 等），並設定每月幾日（如每月 5 日）付款。扣款金額：例如每次 3,000 元等資訊。❹確認設定的事項，同時開始扣款。系統會在設定的日期，自動扣款並買入對應數量的 ETF 零股。成交價格為「當天收盤價」，不是即時價格。❺持續追蹤與定期檢視。

依據自己的投資目標選擇 ETF

類型	ETF 代號	說明
台灣大盤	0050	台灣前 50 大公司，績優股集合
高股息型	0056、00878、00929	偏向穩定配息，適合存股
科技主題	00881（5G）、00904（半導體）	主題投資，有成長性但波動較大

表 62-1　依據自己的投資目標選擇 ETF　　　　　　　　　　　　　　　製表：方天龍

設定定期定額條件

投資標的	輸入 ETF 代號（如 0050）
投資週期	設定每月幾日（如每月 5 日）付款
扣款金額	例如每次 3,000 元
扣款帳戶	綁定的銀行帳戶
投資單位	通常是「零股」（例如買入 0.5 股、1.2 股等）
交易模式	選「定期定額自動下單」
零股交易	零股定期定額，門檻低（幾百元就能開始），也不需一次買整張 ETF（像 0050 一張要十幾萬元）
定期檢視	可逐步優化配置策略

表 62-2　設定定期定額條件　　　　　　　　　　　　　　　　　　　製表：方天龍

63

什麼是定期定額的「主動下單」與「被動下單」？兩種方式孰優孰劣？

有的人在家中很喜歡「作主」，事事都積極「主動」表達意見；有的人則很懶得動腦筋，喜歡「被動」由另一半「出主意」。正如每個人的個性不同，並無孰優孰劣的問題，只有「適不適合」自己的問題。所謂「主動下單」（手動操作），是由投資人自己操作下單，並可以決定買進的價格；而「被動下單」（定期定額自動化）則是讓券商將大家的資金集合起來「一起買」（有點類似團購）。這兩種方式，都不能保證買到低價或賣到高價，但長久下來平均報酬率，應該是差不多的。

主動下單有樂趣，被動下單省得傷腦筋

如果你是喜歡簡單、懶得盯盤或想自動化投資，那就適合「被動下單」（定期定額）最方便；如果你具備市場判斷力，同時又有時間盯盤，那就適合「主動下單」，因為這樣既可以靈活操作、由自己作主、追求更好的買點，同時也可以享受觀察股市做出判斷的成果。缺點是這樣就必須花時間定期操作，也可能有忘記的風險。至於另外一種方式，就是想做混合策略（自動投資為主、行情好時自己加碼），那就兩者一起搭配，也就是定期定額＋手動加碼，如此就兼具兩種投資方式的優點了。

「主動下單」與「被動下單」的比較

比較項目	主動下單（手動操作）	被動下單（定期定額自動化）
操作方式	自己手動買入	系統自動幫你下單
成交時間	盤中即時	當天收盤後（13:40 零股撮合）
控制力	高（可選價格／時間）	低（按設定時間與價格成交）
適合對象	有經驗、想抓時機的人	忙碌上班族、懶人投資者
情緒影響	比較高	幾乎沒有
時間成本	高	低
績效穩定性	視操作而定	長期穩健、平均成本

表 63-1 「主動下單」與「被動下單」的比較　　　　製表：方天龍

64

如何規畫 ETF 的策略，包括什麼時候該進、該出、該避險？

　　一般來說，投資策略有三階段：進場、持有、出場。如果懂得時機操作＋資金配置，就是好的策略。先說「進場」（加碼），指數重挫、利空過度反應，所謂「危機入市」，分批定期定額或一次性加碼都行。因為長期投資是「當別人恐懼時，我貪婪」。過去，筆者的其他書中，曾舉「蔣經國逝世」或「王永慶過世」事件（見圖 64-1 和 64-2）中股市的發展都是「短空長多」。經過一大段時間的驗證，其實那都是罕見的、絕佳的「進場點」。

盤整時耐心「持有」，核心持股不輕易丟失

　　當市場震盪、高點盤整時，投資人必須耐心「持有」，保持定期定額、停看聽，繼續讓它扣款即可。至於出場（減碼／停利）時機，有必要停利一部分，保留核心持股。

　　全球股市大幅波動、利率快速上升、台灣政經不確定性上升或個人資金面臨負債壓力，則屬於該避險的情境。簡單地說，核心 ETF 要長期持有（如 0050／0056／00878）；衛星 ETF 則要依主題輪動調整（如 00891 半導體、00929 高息）。

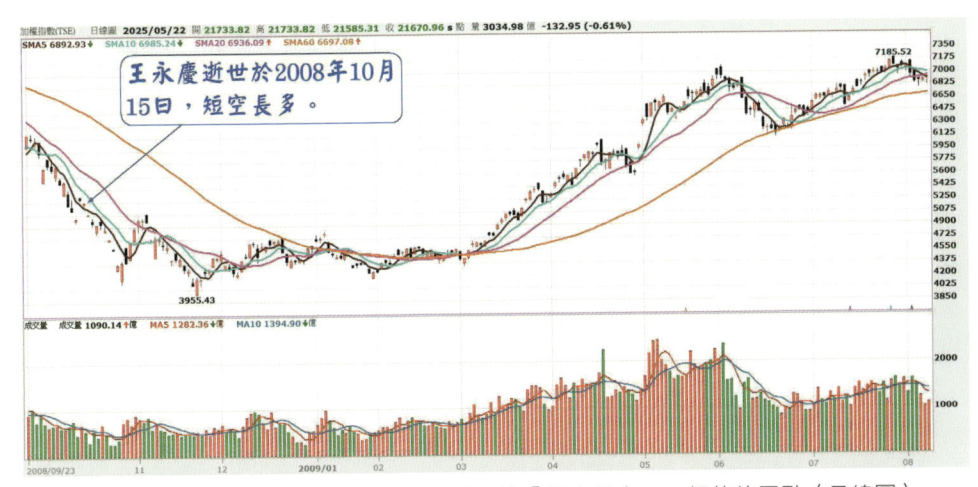

圖 64-1　王永慶逝世於 2008 年 10 月 15 日，是「短空長多」，絕佳的買點（日線圖）

資料來源：XQ 全球贏家

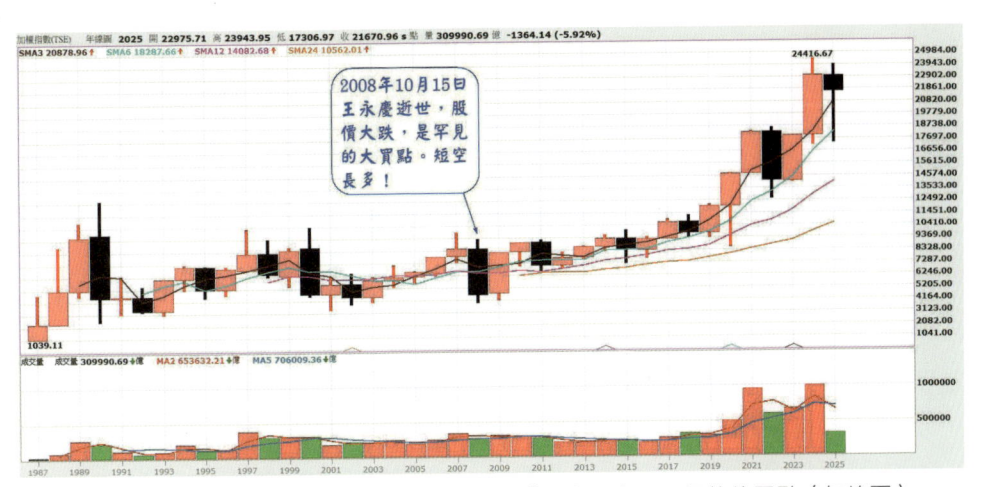

圖 64-2　王永慶逝世於 2008 年 10 月 15 日，是「短空長多」，絕佳的買點（年線圖）

資料來源：XQ 全球贏家

65

ETF 股價往上時，如何善設停利點？

ETF 通常用於長期投資，但「長期」並不等於「永不賣出」。設立「停利點」的目的是為了風險管理與資產配置調整，避免股價「抱上又抱下」。市場會有循環，高點不會永遠維持，如果不適時調整或停利，可能會錯失實現收益的機會。

同時，當某個 ETF 大幅上漲，占你投資組合過高比例，造成偏離原來的配置目標，這時設停利點可以讓你「賣高」，再投入其他低估資產。何況，在人生中，我們也可能會有旅遊、醫療等資金需求，設停利點，有助於階段性套現、實現目標。

當行情繼續向上，停利點就跟著往上移動

ETF 股價往上時，如何善設停利點？這與平常我們操作股票的方法是雷同的，例如常見的「移動停利」（Trailing Stop），就是股價始終追蹤高點，直到回跌 5% 後出場。這樣每一次低點就往上移動，所以稱為「移動停利」，可以賺得較多。另外，也可以設「固定的目標價」，例如賺到兩成或三成就賣掉。如果懂技術指標的用法，能依線型的轉折點（由多轉空）停利，當然更好。總之，如何善設停利點並沒有一定的標準，詳見表 65-1。

常見設定停利點的方法

停利方法	解說	優缺點
固定百分比法	當股價上漲達一定百分比（如10％、20％、30％）後，就考慮全部獲利了結或部分持股先行出場 此方法適合保守型或中長期投資者	優點：簡單、清楚 缺點：容易錯過後續大行情
移動停利	設定一個與最高價的落差，例如股價從高點回跌5％時賣出 此方法適合希望抓到波段最大獲利的投資人	優點：讓利潤奔跑，又有風險控制 缺點：當震盪大時，容易被洗出場
技術指標法	根據技術指標如均線、MACD、RSI等設定停利點，例如「跌破20日均線時賣出」，或「技術指標在高檔（>80）買超過熱、出現指標背離或死亡交叉時停利」	優點：跟著市場動能走 缺點：需懂技術分析，有延遲風險的可能
階段性減碼	股價每上漲一段區間，就分批獲利了結，例如：ETF漲10％賣出1／3，漲20％再賣1／3	優點：降低情緒干擾，有紀律 缺點：可能提早賣掉最強勢部位
設定目標價＋停利回撤	根據基本面或技術分析設定一個「目標價」，到達後設定回撤條件（如回跌3％至5％賣出）	優點：可結合長期與短期策略，自由發揮 缺點：需事前研究評估

表 65-1　常見設定停利點的方法　　　　　　　　　製表：方天龍

66

當 ETF 價格下跌時，如何善設停損點？

「不設停損的操作，就像開車不踩煞車一樣。」在車上的你，心情不會忐忑不安嗎？上一個單元，我們講 ETF 股價往上時，如何設停利點？現在我們要說的停損點，其實異曲同工，相差只在每個人的成本而已。最終結果賺錢，就是停利；賠錢，就是停損。同樣要注意的是：最好在買進前就設定好，並用系統或備忘方式提醒自己。不過，ETF 通常波動比個股小，可以設定略寬的停損區間（如 10％至 12％），同時要定期檢討，如果發現一再停損，那可能是進場策略有問題。

停損不是認輸，是保留實力再戰

ETF 價格下跌時，設立停損點是保護資金、避免小損變大損的關鍵操作。很多投資人「捨不得認賠」，反而「向下加碼」，結果導致錯失轉機甚至長期套牢、越陷越深。新手通常不懂停損的重要，因為停損不是認輸，是保留實力再戰。所以，停損不是看％數，而是看支撐。關鍵支撐跌破，就要在第一時間停損。「砍不下手的股票，傷你最深！」為什麼有些人不肯停損？因為怕過兩、三個月後股價又漲上來了。其實先前的停損並不是錯，錯在當股價「跌無可跌」時沒有重新買回來。

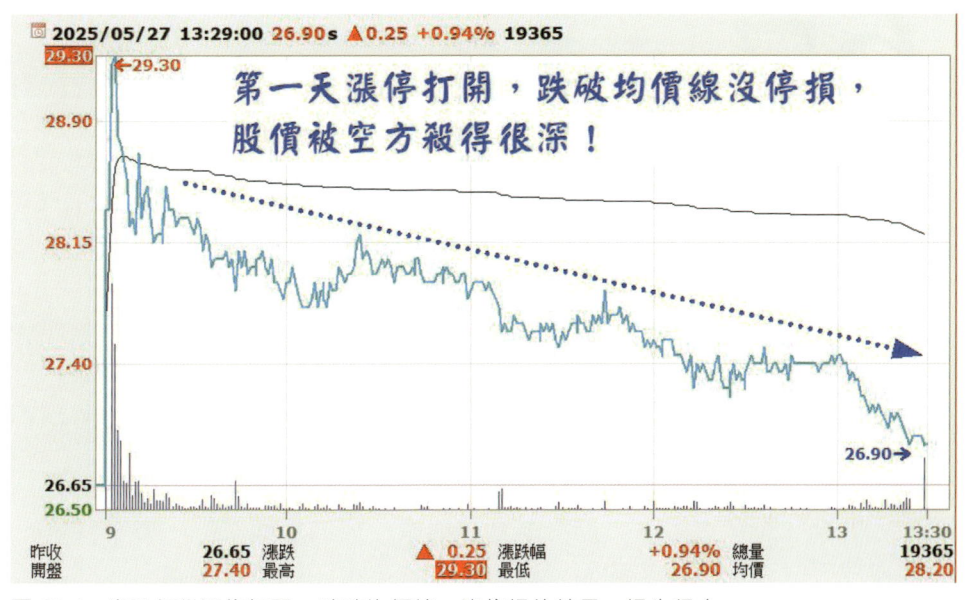

圖 66-1　當股價從漲停打開、跌破均價線，沒停損的結果，損失很大

資料來源：XQ 全球贏家

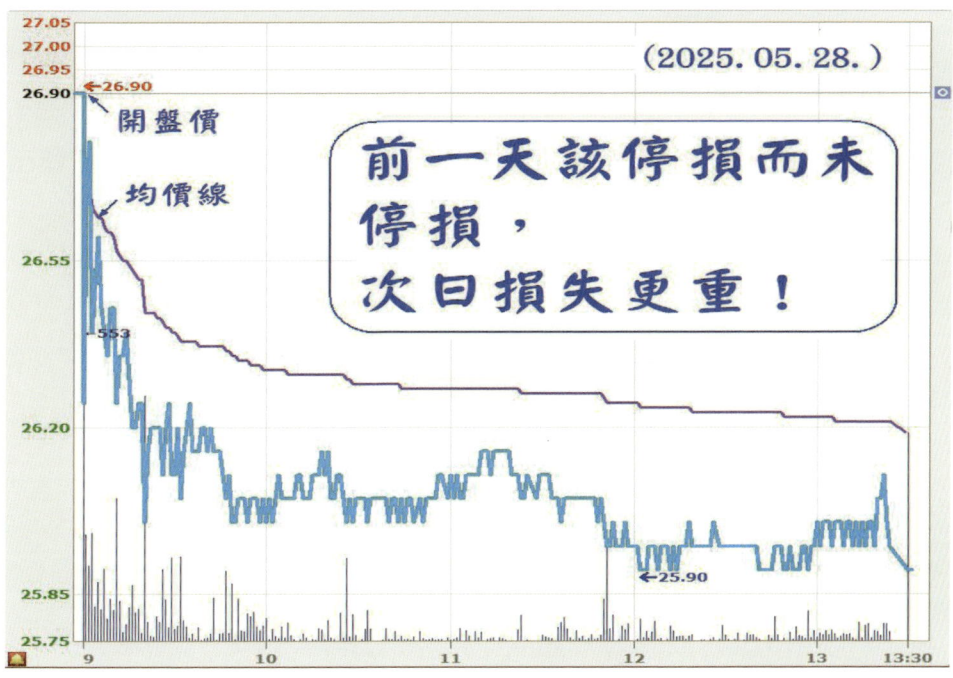

圖 66-2　延續上圖，前一天該停損而未停損，次日常損失更重　　資料來源：XQ 全球贏家

PART ⑤ 定期定額投資 ETF 的方法

153

67

從哪裡可以查詢 ETF 是否配息？

ETF 是否配息，對投資人來說是非常重要的投資考量因素，因為它會影響「現金流」的需求。退休族、穩健型投資人都希望有穩定的收入。最好每季、半年、每年都有錢進帳，以供生活之用。追求資產長期成長的人（如：年輕人、增值型投資人），倒不太在意。他們比較希望所得留在基金中再投資，可累積報酬（例如部分科技、成長型 ETF）。此外，要求配息也是便於稅務規劃，因為在台灣，ETF 配息屬「股利所得」，必須合併綜所稅計算的。

四個途徑，可查詢配息細節

要查詢 ETF 是否配息，可以從以下幾個途徑找到準確的資訊：❶ ETF 發行公司官網。例如：元大投信、富邦投信、群益投信等。❷ 台灣證券交易所官網。https://www.twse.com.tw/zh/index.html 點選【產品與服務】→【ETF 專區】→搜尋 ETF 代號或名稱，進入後可查配息頻率、歷年配息紀錄。❸ 理財／證券平台，例如 MoneyDJ 理財網、Yahoo 財經等。❹ 各證券商 APP，進入 ETF 商品頁，通常會標示「配息型」或「不配息」，並有歷史配息紀錄。

選擇配息穩定 ETF 的小技巧

看配息歷史	連續配息 5 年以上、未中斷是重要指標
觀察配息率穩定性	不要只看一年，須觀察 3 至 5 年平均
選擇多元產業的 ETF	避免單一產業配息受景氣循環影響大
注意是否吃本金	高配息不代表好，若淨值不漲要小心

表 67-1　選擇配息穩定 ETF 的小技巧　　　　　製表：方天龍

台灣配息較穩定的 ETF

ETF 代號	ETF 名稱	配息頻率	配息特色	適合對象
0056	元大高股息	每季配息	成立超過 15 年、歷年穩定配息，配息率約 4% 至 6%	保守、退休族
00878	國泰永續高股息	每月配息	配息規律、波動小，標榜「永續」企業	喜歡月領現金流者
00713	元大台灣高息低波	每季配息	強調低波動 + 高息，適合穩健投資	穩健型投資人
00882	中信中國高股息	每月配息	聚焦中國高股息企業，配息穩定但受中國市場影響	想布局中國高息股者
00919	群益台灣精選高息	每月配息	配息率高，初期吸引力強，但歷史尚短（2022 年後）	剛開始投資，目標是「穩定領現金收入」的人

表 67-2　台灣配息較穩定的 ETF　　　　　製表：方天龍

68

為什麼 0050 不列入「配息穩定型」ETF？

本書 67 單元中表列「台灣配息較穩定的 ETF」，為何沒有包含 0050 呢？雖然 0050（元大台灣 50）是台灣知名度最高、規模最大的 ETF，但它不是典型的「配息穩定型」ETF，原因是配息不是它的設計重點。0050 主要追蹤台灣市值最大的 50 家公司，偏重「成長性」與「資本利得」，不是為了穩定配息設計。它的配息只是附加收益而已，所以不如高股息型 ETF 穩定。0050 一年配息一次（過去為一年一次，近年改為半年一次，但仍不算頻繁），不適合追求「穩定現金流」的族群。

0050 偏重成長性，並不追求配息

其次，0050 每年配息金額波動較大，與企業獲利與市況變化高度相關，有些年份配息金額明顯下滑，不利於需要穩定現金流的投資者。何況它的配息率較低，殖利率約在 2％ 左右，明顯低於配息型 ETF（如 0056 約 4％ 至 6％）。請見表 68-1，為 0050 與 0056 的比較表。

投資 0050，更適合於「資本增值型」投資人，而不是追求「穩定現金流」的族群。它更適合年輕族群、定期定額、退休前資產累積的投資人。

0050 與 0056 比較表

項目	0050	0056
類型	成長型、藍籌股	高股息型
配息頻率	半年一次	每季一次
配息穩定性	不穩定	穩定
殖利率	約 2%	4%至 6%
適合族群	資本成長、長期持有者	收益型、退休族

表 68-1　0050 與 0056 比較表　　　　　　　　　　　　製表：方天龍

0050 近年配息概況（2021 至 2025 年）

年度	配息次數	配息金額（元）	年化殖利率（約）
2025	1次（截至5月）	2.70	1.36%
2024	2次	3.00（1月）+ 1.00（7月）=4.00	2.03%
2023	2次	1.90（7月）+ 3.00（1月）=4.90	3.41%
2022	2次	1.80（7月）+ 3.20（1月）=5.00	3.78%
2021	2次	0.35（7月）+ 3.20（1月）=3.55	2.38%

表 68-2　0050 近年配息概況（2021 至 2025 年）　　　資料來源：奇摩股市

PART ⑤ 定期定額投資 ETF 的方法

69

月月領現金流好呢，還是讓資產滾存累積比較有利？

有一種人叫做「月光族」，是每個月領到薪水，當月就花光光。而另外一個人是開源節流、儲蓄型的「資產累積族」，這樣的人即使收入不算高，但有良好理財習慣，通常領到薪水先存一筆（如定存、基金、ETF），再用剩下的做生活支出。這其實並沒有「孰好孰壞」的標準答案，取決於你的財務目標、風險承受度、現金流需求以及人生階段。例如年輕的月光族，他可能得到享受，仍有再創造財源的機會；已退休者即使有能力卻未必有機會了，所以必須有資產支撐才有安全感。

年齡不同，選擇的策略也不同

在實務上，退休族、或接近退休的族群最好是選擇「月月領現金流」，因為有穩定收入才能支付日常生活開銷或補貼退休金的不足。不需要靠賣資產過活，也就可以避免在股市下跌時變現。相反的，正值資產累積階段的年輕或中年族群，比較適合讓資產滾存累積。不急需現金流，希望最大化總資產者，就能承受短期波動，以長期報酬為目標。當複利效應強時，投資報酬率高於領出的現金流，長期下來總資產會更多。何況某些 ETF 累積不配息，可延後納稅點，稅負更低。

配息型與累積型 ETF 的稅務差異

	配息型 ETF （例：0056、00878）	累積型 ETF （例：某些海外 ETF）
內涵	每年發放股息或債息給你，收到配息時，就會被課稅 台灣股利稅有兩種計算方式（二擇一）： ❶合併綜所稅，抵可扣抵稅額 ❷分開計稅：單一稅率 28％	ETF 不發股息，利潤留在 ETF 裡繼續投資 沒有「現金收入」，所以你當年不需要繳稅，只有在最終賣掉 ETF 時才會計算資本利得，依當時規則課稅（在台灣目前還沒有資本利得稅）
結果	每年領到的錢變少，因為先被政府抽一手稅	資金長時間留在市場內複利成長，且延後課稅時間點，有效降低稅負

表 69-1　配息型與累積型 ETF 的稅務差異　　　　　　　　　製表：方天龍

「延後繳稅」能讓你更富有的主因

理由	這就像「讓錢替你工作」的最強版本： 你沒繳出去的稅金 → 還在帳上 → 它也會幫你滾利（複利）
舉例	年報酬率 7％，配息被課稅後可能只剩 5％ 至 6％；如果是累積型免稅滾存，保持 7％ 繼續滾複利。30 年後的差距可能高達數十萬元甚至百萬元
結論	配息型 ETF 適合需要穩定現金流的人（如退休族），每年會繳股利稅，現金入袋，但課稅立即發生 累積型 ETF 適合長期投資、延後課稅，最大化資產成長。資本利得在台灣目前免稅（海外投資除外）稅點延後，效益更高（複利效果）

表 69-2　「延後繳稅」能讓你更富有的主因　　　　　　　　製表：方天龍

70

「配息多一點」，還是「題材成長多一點」，各有什麼利弊？

這是一個經典的投資抉擇問題：「高配息股」和「成長型股票（或題材股）」，該如何抉擇？這兩者的風格，其實反映了你的財務目標、風險承受度與時間長短。配息多一點（高股息股、ETF）、定期領錢（如每季配息），對退休族或現金流需求者很實用。題材成長多一點（成長股、主題型 ETF）、聚焦新科技、未來趨勢（如 AI、電動車、生技等），股價爆發力強，容易搭上大波段行情，但題材也有可能因「成不了氣候」而熱潮退燒，甚至泡沫化。

體質出問題或壓力大，各有各難唸的經

高股息股的 ETF，也並不是沒有缺點。一來成長有限，因為股息高的公司通常已進入成熟期，股價上漲空間有限。其次，不利稅務，因為一領到股息就得課稅，尤其是長期投資時，稅負會吃掉部分報酬。而且有時可能是陷阱股，特別是某些「殖利率高」的 ETF 股價下跌，代表公司體質出問題。至於成長股型的 ETF，波動大、起伏劇烈，容易受市場情緒與消息面影響。同時因無現金流入帳，若股價跌，沒錢拿，壓力大。此外，未來不確定性高，5 年以上的投資似乎是個賭注。

高配息型和題材成長型的差異

項目	高配息型	題材成長型
收益來源	股息（現金流）	股價成長（資本利得）
穩定性	穩定、低波動	波動大、報酬潛力高
稅負	每年配息即課稅	延稅、複利效果佳
適合對象	退休族、保守型	青壯族、成長型投資人
心理感受	有現金進帳安心	看股價起伏易焦慮

表 70-1　高配息型和題材成長型的差異　　　　　　　　　　　製表：方天龍

高配息型和題材成長型的優缺點

	高配息型	題材成長型
優點	❶定期領錢（如每季配息），對退休族或現金流需求者很實用 ❷高股息股多為成熟企業，業績穩定、價格震盪較低 ❸心理安定感：即使股價不動，還是「有錢入袋」，感覺不虧	❶資本增值潛力大：聚焦新科技、未來趨勢，股價爆發力強 ❷成長型公司通常不配息，投資人不用立即繳稅，複利效果更強 ❸投資新趨勢、潛力大，容易搭上大波段行情
缺點	❶成長有限：股息高的公司通常已進入成熟期，股價上漲空間有限 ❷領到股息就得課稅，尤其是長期投資時，稅負會吃掉部分報酬 ❸有些「殖利率高」只是因為股價下跌，代表公司體質出問題	❶波動大：容易受市場情緒與消息面影響 ❷無現金流入帳：若股價跌，沒錢拿，壓力大 ❸未來不確定性高：題材有可能「成不了氣候」或熱潮退燒

表 70-2　高配息型和題材成長型的優缺點　　　　　　　　　　製表：方天龍

71

「現金流 vs 資產累積混搭」的投資組合

在投資規劃中,「現金流 vs 資產累積混搭」的投資組合是一種同時追求穩定現金收入與長期資產增值的策略。這類混搭策略能讓投資人在不同人生階段兼顧生活所需與財富增長,是非常實用且常見的投資思維。能夠穩定產生收入的現金流,包括高股息股票、收租型房地產、優先股、債券、配息基金、REITs(不動產投資信託)。資產累積導向,目的則是讓資產升值,獲取長期報酬,例如:成長型股票、科技股、指數型 ETF、發展中市場基金、開發土地、不出租的不動產等。

列出投資標的,進行「混搭」的投資組合

「現金流」資產給你短期生活穩定性,「資產增值資產」則是幫你打敗通膨、擴張財富、追求財務自由。而「混搭」的投資組合,卻可以抵禦市場波動、彈性調整配置、長期創造複利效應(將現金流再投入累積型資產)。請看表 71-1,這是依人生各種年齡階段的安排,列出你的投資標的、投資目標,然後依照風險承受度、目標收益,調整現金流與增值的資產配比。最後,還要定期調整,即 1 到 2 年檢視一次資產配置,依據市場或人生階段變化調整。

混搭的投資策略舉例

人生階段	現金流 資產占比	資產累積 資產占比	策略目的
20 至 35 歲	20%	80%	增值優先、風險可承受
35 至 50 歲	40%	60%	增值與現金流兼顧
50 至 65 歲	60%	40%	穩健與退休準備
65 歲以上	80%	20%	現金流為主、資產保值

表 71-1　混搭的投資策略舉例　　　　　　　　　　製表：方天龍

三種台灣市場投資策略的對應

分類	注意事項
現金流	高殖利率股、配息型 ETF（如 00878、0056） 高現金流 ≠ 高報酬，高配息資產也可能損失本金
資產增值	電子股（台積電）、成長型 ETF（如 00929） 增值型資產波動大，短期內可能賠錢，要有長期持有的準備
混搭	混搭不是一次配置好就不動，要有「動態調整」的觀念

表 71-2　三種台灣市場投資策略的對應　　　　　　製表：方天龍

72

有哪些台股 ETF 是年年領取股利並且可以兼賺價差的？

有一個 35 歲的上班族，每天早上擠捷運、晚上加班，覺得自己再怎麼努力也存不了太多錢。某天，他在咖啡店偶然聽到隔壁桌兩個阿姨在討論「00878、00929 每月配錢又會漲」，回家後他多方打聽，才發現有些 ETF 不只能像銀行定存一樣「每年、甚至每月給錢」，還能隨時間「變貴」讓他賺價差！他想了想，如果這些 ETF 能幫他「每年都有收入」，就像種一棵會生錢的樹；而這棵樹還會長大、變貴，將來賣掉還能賺一筆。這不是太美了嗎？

又配息又有價差，投資可以左右逢源

沒錯，這其實是一種「雙饋投資法」（左右逢源、兩邊得利）。選對「穩定配息＋成長性」的 ETF，就像種下一棵會發薪水的樹。每年有「果實」（股利）可以收息，將來還能「整棵賣掉賺錢（價差）」，是理財上難得的雙贏策略。請看表 72-1，這裡分享 6 種「年年配息」且「有機會賺價差」的 ETF。其中有三個是月配息、兩個是年配息，而 0056 本來是年配息，如今已改為季配了。大抵來說，這幾檔 ETF 在多頭時都有很大的漲幅價差可期。

「年年配息」且「有機會賺價差」的 ETF

	配息頻率	特色	價差潛力	適合族群
0056（元大高股息）	季配息（原為年配，已改為季配）	篩選高股息殖利率股票，有穩定現金流的公司	近年來隨著高股息族群受青睞，也有波段漲幅	穩健型投資人，追求穩定股息為主，兼顧價差
00878（國泰永續高股息）	月配息（2023年起）	強調永續ESG概念，挑選長期穩健配息企業	成分股品質佳，抗跌性強、具長期成長性	人氣ETF，近年表現不輸0056，適合存股族
00929（復華台灣科技高息）	月配息	科技高息股為主，結合高息與成長潛力	有機會受惠台灣科技股漲勢，資本利得潛力大	配息穩定，但仍屬新興ETF（2023年上市），需注意長期績效
0050（元大台灣50）	年配息	投資台灣市值最大的50家公司，如台積電等	高，尤其在台股多頭時，成分股強勁	股息率不高，但因資本利得可觀，適合價差＋偶爾領息
006208（富邦台50）	年配息	類似0050，但費用率略低些	當台股多頭，權值股上漲時，006208漲幅明顯	適合長期投資、想賺價差，且年年配息
00919（群益台灣精選高息）	月配息	兼顧高息與價值股，波段操作彈性佳	把握台股中波段價值股的漲勢，例如金融、營建、部分科技股表現好	近年人氣高漲，有不錯價差空間與配息紀錄

表 72-1 「年年配息」且「有機會賺價差」的 ETF　　　　製表：方天龍

73

假如每月可投資金額為 5,000 元，至今尚未持有 ETF，如何選擇買進較好？

　　假設你每月能投入 5,000 元，那倒是非常適合以「定期定額投資 ETF」為起點。筆者認為不要只買一種，較能風險分散又較具彈性。一方面領股利（現金流），一方面又可賺價差（資本利得）。這很適合新手，簡單、穩定且可以兼顧現金流與資本利得。將每月 5,000 元分成兩個目的來投資：為穩定配息的目的，可買 00919（群益台灣精選高息）；為成長型目標，就買 006208（富邦台 50）。請看表 73-1，這兩種可以四、六成的比例分配，也可以稱為「雙核心配置」。

若資金增加，可逐步加碼到其他 ETF

　　對於目前仍然「空手」的新朋友來說，每月自動投資，免選時機，還可降低進場焦慮，同時建立「現金流」與「資本成長」。表 73-2 是預估 5 年後可能的資產價值，只供參考。總之，每 3 至 6 個月檢視一次表現，不需頻繁進出。若資金增加，可逐步加碼到其他 ETF（如 00878、00929）；若偏好科技與成長，可逐步加入 00929；若偏好 ESG，可研究 00878；若偏好長期價差、經典核心 ETF，未來不妨配置一部分給 0050。

每月 5,000 元「雙核心配置」的分配比例

分配項目	ETF	比例	月投入金額	目的
穩定配息	00919（群益台灣精選高息）	60%	3,000 元	每月領息、穩定現金流
成長型	006208（富邦台 50）	40%	2,000 元	長期成長、追求價差

表 73-1　每月 5,000 元「雙核心配置」的分配比例（僅供參考，不是建議）

製表：方天龍

預估 5 年後可能的資產價值

ETF	每月投入金額	年報酬率估值（含股利）	5 年後總投資	預估資產價值
00919	3,000 元	6%至7%	180,000 元	約 210,000 至 220,000 元（含月月配息）
006208	2,000 元	7%至8%	120,000 元	約 140,000 至 150,000 元（含價差）

5 年後總資產可能落在 35 萬至 37 萬元，同時有穩定配息＋不錯價差。

表 73-2　預估 5 年後可能的資產價值

製表：方天龍

74

我想跟進一位高手朋友買的 ETF，可否評估一下他買的五檔 ETF？

筆者一位學生來信說：「老師，我很信任一位醫師朋友，他雖然不是股票專業人士，但一向很聰明，所選的 ETF 應該都非常值得投資：0050、0056、00878、00915、00919。我對他的選股深信不疑，請問老師，他告訴我的這五檔 ETF，我很想跟進，但它們各有什麼特色呢？」這位學生的醫師朋友所選擇的，都是熱門標。請看表 74-1，為此五檔 ETF 的特色介紹。

偏重科技股的未來，五檔的風格很接近

0050 和 0056，幾乎大家都很熟悉。前者是核心資產首選，也是台股「績優股」的代表；後者算得上是高息經典老將，老字號「存股族」愛用。00878 是 ESG 永續評比佳的高股息股，如中華電、聯詠、台達電等，都是它的成分股。它月月配息、波動不大。00919 的成分股著重在科技、金融、營建等多元產業，如聯電、長榮航、開發金、矽格等。00915 則是以半導體＋電子為核心，成分股包括聯電、奇鋐、群光等，選股重視基本面與成長潛力，波段行情活潑，配息也不錯，成長＋配息並重，也是很好的選擇。

五檔 ETF 的特色介紹

代號	ETF 名稱	追蹤指數	重點成分股	特色說明
0050	元大台灣50	台灣證交所加權股價指數（台灣50）	台積電、聯發科、鴻海、國泰金、台達電等大型權值股	台股「績優股」的代表，價差型 ETF 首選，波動較大但成長潛力強
0056	元大高股息	台灣高股息指數	以過去股利高的股票為主，如中鋼、聯電、兆豐金等	老字號「存股族」愛用，穩定配息，但成分股選法偏重歷史股息
00878	國泰永續高股息	台灣永續高股息指數（MSCI 指標＋ESG）	ESG 永續評比佳的高股息股，如中華電、聯詠、台達電等	主打永續＋高息＋穩定，成分股品質普遍較佳，月月配息、波動小
00915	凱基優選高股息30	特選台灣高股息30指數	半導體＋電子為核心，如聯電、奇鋐、群光等，搭配高息股	選股重視基本面與成長潛力，波段行情活潑，配息也不錯，成長＋配息並重
00919	群益台灣精選高息	台灣精選高息指數	科技、金融、營建等多元產業，如聯電、長榮航、開發金、矽格等	月月配息熱門 ETF，強調「殖利率＋籌碼面＋股價潛力」，近年表現強勢

表 74-1　五檔 ETF 的特色介紹　　　　　　　　製表：方天龍

75

五檔 ETF 的線型、位階如何？
何者比較適合現在買進？

　　上一個單元，關於 0050、0056、00878、00915、00919 這五檔 ETF 的特色，已經講得很清楚了。學生又問到這五檔 ETF 的線型、位階如何？何者比較適合現在買進？

　　0050 和 0056，在本書其他單元，已有很多講述（例如圖 12-1 的 0050 與 0056 的走勢比較）。至於 00878（國泰永續高股息），請看圖 75-1，這是它的週線圖，目前仍在 20 週線之下，屬於偏空。圖中兩處量大的紅 K，都有長下影線，表示「有支撐」。可見它很穩健，逢低就可以接手，早晚會再上。

買黑不買紅，才能掌握低價進貨的原則

　　再看圖 75-2，這是 00915 和 00919 的走勢比較（日線圖）。起先是 00915 在 00919 之上，但近期的走勢，00919 有超越 00915 之勢。筆者只是教讀者如何自行研究和判斷，無意建議你要優先買進什麼 ETF。大抵上，如果你希望快速跟進市場熱門標的，00919 的技術面較強，適合短期介入。00878 股價持續上漲，技術指標強勢，適合中期操作。0050 和 0056，都是存股族的基本款。00915 看起來稍弱，但站在「買黑不買紅」的觀點，反而值得繼續追蹤。

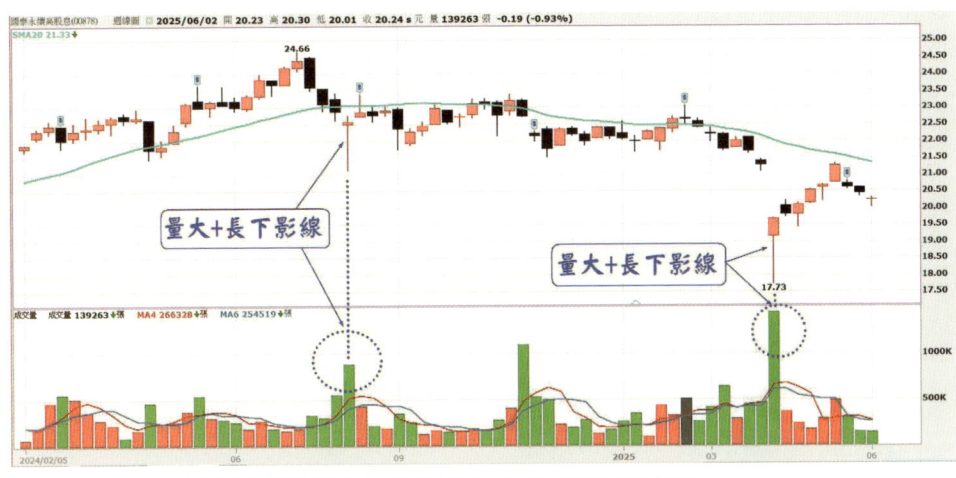

圖 75-1　00878（國泰永續高股息）的週線圖，目前處於空頭時期

資料來源：XQ 全球贏家

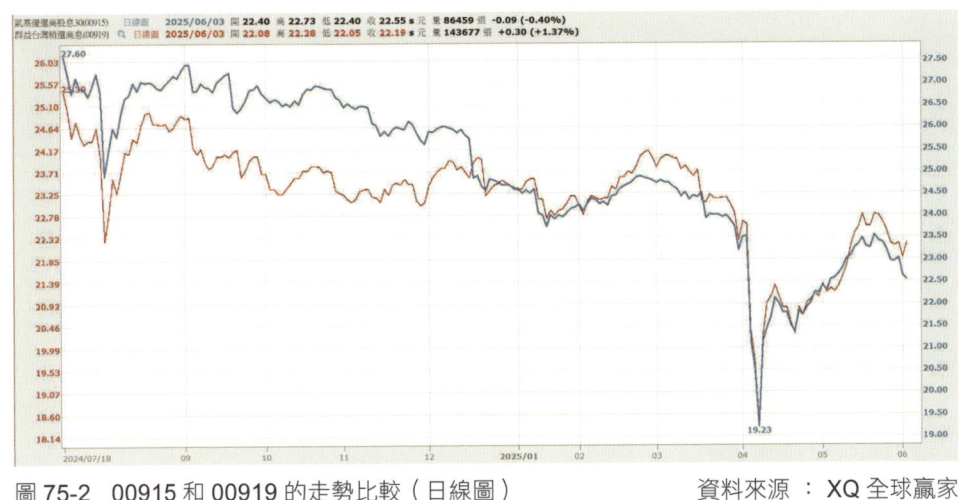

圖 75-2　00915 和 00919 的走勢比較（日線圖）

資料來源：XQ 全球贏家

PART ⑤　定期定額投資 ETF 的方法

PAR
6

國內外各種 ETF
面面觀

T

76

如何每月投資 2 萬元累積到千萬資產？

從每月 2 萬元累積到 1,000 萬元資產，透過 ETF 投資是可行的，但需要時間、紀律與正確的策略。如果目標資產 1,000 萬元，每月投入金額 2 萬元，投資工具 ETF，如果預期年化報酬率：6%至 8%（長期股市平均）。請看表 76-1，這是使用年化報酬率 7%的標準來計算的，每月投入 20,000 元，預期年報酬 7%。那麼，達成 1,000 萬所需時間約 20 年。如果您是年輕人，這樣的「慢工出細活」是合理的。重點是用「複利」的公式試算的，如果投入的錢取出消費，便無法達成目標。

想提早達標，就要增加投入金額

據說這是愛因斯坦的名言：「複利是世界第八大奇蹟。」假設我們把一塊錢投資在每年能成長 10%的資產上，第一年會變 1.1 元，第二年變 1.21 元，到了第 72 年，將變成超過 100 倍。這不是單純的增加，而是「複利」的力量！但是，ETF 不見得都能達到這樣的標準，所以請看表 76-2，這是把報酬率不同時所需達標的時間列成表格。如果想提早達標，可增加投入金額（例如每月投入 3 萬）、縮短投入時間（兼職、多元收入），這樣就可提高投資報酬，但風險相對也會增加。

每月投資 2 萬累積到千萬所需時間

年數	累積資產（預估）
10 年	約 344 萬元
15 年	約 654 萬元
20 年	約 1,034 萬元

表 76-1　每月投資 2 萬累積到千萬所需時間　　　　　　製表：方天龍

報酬率不同時所需達標的時間

年化報酬率	每月 2 萬，達成 1,000 萬所需時間
5%	約 23 年
6%	約 21 年
7%	約 20 年
8%	約 18 年
10%	約 16 年

表 76-2　報酬率不同時所需達標的時間　　　　　　製表：方天龍

77

如何參與美股的 ETF 投資？買美股 ETF 有何好處及該注意的事項？

筆者的粉絲群組「天龍特攻隊」，是一個免費且優質的群組，成員都是買過我的書然後與我「因書結緣」的好戰友。我在每天的開盤前，都會在四個群組貼出美股 4 大指數的收盤狀況，以及台股夜盤的表現。這說明了當天盤前的準備功夫，就是要參考一下美股的表現，畢竟全球所有的產業明日之星都聚在美股市場中。於是有人就問，何不直接投資美股？請看表 77-1，這是比較常見的熱門美股 ETF。沒錯，利用美股 ETF 參與投資，確實是與國際接軌的好策略。

免開複委託帳戶，也有一些管道

表 77-2 與表 77-3，是投資美股 ETF 的好處與應注意事項。這裡就不多說了。如何參與美股 ETF 投資？首先就要開立美股券商的帳戶。但如果考慮投資台灣上市櫃的海外 ETF，就可免開「複委託帳戶」（註）。複委託手續費較貴，且需先入金才能進行買賣。選擇國內券商的海外投資服務（適合新手），用台幣即可匯款轉換，且是中文介面；如果直接開美國券商帳戶，其操作介面為英文，反而不便。相關的規定最好請教您的營業員，以免因各家券商模式不同，而走了冤枉路。

（註：複委託帳戶是指台灣人不直接找國外的券商開戶，而是先經過台灣券商，並轉由美國券商開戶後再交易。因為透過國內和國外兩個券商開戶與下單，所以叫做「複委託」。）

常見熱門美股 ETF

ETF 代號	追蹤指數	特性說明
VOO	S&P 500	標普 500，市值型，大盤指數
SPY	S&P 500	和 VOO 類似，但費用較高
QQQ	Nasdaq 100	科技股為主，波動大，成長性強
VTI	全美市場	分散度高，包含大中小股票
VT	全球市場	投資全球（美國 + 新興 + 其他）
SCHD	高股息美股	偏向穩健配息型

表 77-1　常見熱門美股 ETF　　　　　　　　　　　　　製表：方天龍

優點	解說
全球企業參與	投資如 Apple、Microsoft、Google、Amazon 等企業，參與美國經濟與全球創新引擎
費用低、效率高	ETF 費用比共同基金低很多（如 VOO 費率僅 0.03%）
高流動性	ETF 可像股票一樣隨時買賣
風險分散	一檔 ETF 包含數百檔股票，比單買個股更穩健
適合長期複利	美股 ETF 長期年化報酬率約 7% 至 10%（視標的而定）

表 77-2　投資美股 ETF 的好處　　　　　　　　　　　　製表：方天龍

優點	解說
匯率風險	美元波動會影響報酬（但長期可忽略）
股息稅（預扣 30%）	美國股息將預扣 30% 給美國稅局（可利用「成長型 ETF」避開）
遺產稅風險	（>6 萬美元資產）美國遺產稅門檻低（建議資產超過可用保險、法人戶規劃）
操作需學習英文界面	對初學者來說，初期會有操作門檻，但熟悉後即可掌握

表 77-3　投資美股 ETF 應注意事項　　　　　　　　　　製表：方天龍

PART 6　如何不出國買賣海外 ETF

78

在國內券商買海外 ETF，該怎麼做呢？

　　一般老手看好的市場多半是美股，如果在一個長期上漲的市場，採取短線或波段操作，有時反而不划算的。對於美股 ETF 最好的策略，就是投入後就「長抱」，這樣才不會錯過「滾雪球」、「複利效果」。首先，要找到有提供海外股票／ETF 交易服務的券商，例如：元大、群益、永豐金、凱基、國泰、富邦、第一金、兆豐等證券公司，並研究它們的交易手續費、匯率（買外幣時）、開戶便利性與 APP 介面。

海外證券帳戶，逐步一一辦妥

　　除了選擇可以投資海外市場的券商之外，接著就是開設海外證券帳戶。步驟如下：❶臨櫃或線上申請複委託帳戶。❷開立外幣帳戶（通常是美元）。❸匯入資金至外幣帳戶。完成上述的動作後，你就可以買進海外 ETF：❶登入券商 App 或網路下單系統。❷選擇複委託交易→ 海外 ETF 下單→選擇市場（美股、港股等）→輸入 ETF 代碼。❸輸入價格與數量，送出委託單。❹等待成交，或修改價格／取消委託。

開設海外證券帳戶的步驟

步驟		備註
1	臨櫃或線上申請複委託帳戶	帶身分證、第二證件 通常可以線上開戶（部分券商已支援 App 上操作）
2	開立外幣帳戶（通常是美元）	可搭配券商的銀行（如元大＋元大銀行、永豐金＋永豐銀行），或用自己已有的外幣帳戶
3	匯入資金至外幣帳戶	將台幣換匯（可透過網銀或券商 App），匯入券商指定帳戶以進行交易

表 78-1　開設海外證券帳戶的步驟　　　　　　　　　　製表：方天龍

下單購買海外 ETF 的流程

1	登入券商 App 或網路下單系統
2	選擇複委託交易 → 海外 ETF 下單
3	輸入價格與數量，送出委託單
4	等待成交，或修改價格／取消委託

表 78-2　下單購買海外 ETF 的流程　　　　　　　　　　製表：方天龍

79

每月固定投入一萬元，搭配一套「入門美股ETF」組合

　　由於金融工具的多元化，投資美股 ETF 的方法越來越多，也越來越簡單了。假設不想太麻煩，而且只要使用台灣的券商、用新台幣交易，又能像買台股一樣方便操作（零股／定期定額），且不使用複委託或海外券商（複委託投資美股，通常手續費較高，大約是 0.3％ 至 0.5％ + 最低收費）、不支援零股（需買整股）。那麼，我們不妨試用每月一萬元，來設計一套「入門美股 ETF」的組合。請看表 79-1，把一萬元分別按比例投入買四檔台股掛牌美股 ETF 組合。

多元分散，覆蓋美國大盤指數

　　在台股 ETF 代碼中，是以「00 開頭」為主，而 00679B 則是債券 ETF，最後的 B 表示債券。這些 ETF 使用定期定額功能，在大部分台灣券商中設定自動投資（例如永豐、台新等）。如果我們著重於資本成長的話，那可以減少債券配置（如 00679B 改為 5％ 或不配置）。這個組合的特色就是「多元分散」，並且涵蓋美國大盤指數、科技類股與防禦型債券。同時，只要用新台幣、用你的台股券商（如永豐、元大等）即可買進，非常方便。

一萬元入門美股 ETF 組合

台股代碼	ETF 名稱	對應美股	類型	每月金額安排	投資亮點
00646	元大 S&P500	VOO	美國大盤	4,000	核心穩定配置
00662	富邦 NASDAQ-100	QQQ	科技成長	3,000	科技巨頭龍頭股（AAPL、MSFT、NVDA 等）
00757	統一 FANG+	FANG+ 指數	超級成長型	2,000	聚焦美國明星科技股（TSLA、META、AMZN）
00679B	元大美債 20 年	TLT	防禦債券型	1,000	抵抗市場波動、平衡風險

表 79-1　一萬元入門美股 ETF 組合（如台股一般可直接買賣）　　製表：方天龍

圖 79-1　元大 S&P500 的日線圖　　　　　　　　資料來源：XQ 全球贏家

PART ⑥ 如何不出國買賣海外 ETF

181

80

統一 FANG+（00757）是怎樣的一檔 ETF？

　　00757（統一 FANG+ ETF）是一檔由統一投信發行的海外股票型 ETF，追蹤的是 ICE FactSet FANG+ 指數（見下一個單元解釋），主要投資標的是美國最具成長性的大型科技與網路公司。這檔 ETF 讓台灣投資人可以透過台股市場投資到美國一線的科技巨頭。請看表 80-1，這是 00757（統一 FANG+ ETF）過去三年績效概覽。根據《經濟日報》報導，截至 2024 年底，00757 的三年報酬率為 148.30%，在同類型 ETF 中表現居冠。

與未來科技趨勢有高度連動關係

　　再看表 80-2，這是 00757 的 10 檔成分股，也是 00757 追蹤的標的（每檔約占 10% 權重）。投資 00757 的特點：❶我們可用台幣在台灣股市直接參與美國最強科技股表現。❷分散風險。10 檔股票平均配置，不會過度集中在單一公司。❸成長性高，中長期資本容易增值。❹對 AI、雲端、大數據、社群媒體等未來趨勢有高度曝險。「高度曝險」意思是說，它的錢大多壓在這些領域，如果這些產業表現好，ETF 表現就會跟著好；如果這些產業表現差，ETF 也可能跟著跌。

00757（統一 FANG+ ETF）過去三年績效概覽

期間	報酬率（％）
1 年	24.09 ％
2 年	106.46 ％
3 年	143.87 ％
5 年	260.59 ％
成立以來	371.65 ％

表 80-1　00757（統一 FANG+ ETF）過去三年績效概覽

資料來源：統一投信，資料日期：2025／04／30

00757 的 10 檔重要成分股

公司名稱	股票代碼	公司簡介
Meta Platforms	META	Facebook 的母公司，社群媒體與元宇宙發展領頭羊
Amazon	AMZN	全球最大電商與雲端服務公司
Apple	AAPL	iPhone 製造商，全球市值最高公司之一
Netflix	NFLX	全球串流媒體龍頭
Alphabet	GOOGL	Google 的母公司，搜尋引擎、YouTube 和 AI 領域主導者
Microsoft	MSFT	雲端、AI、作業系統、Office 軟體巨頭
Tesla	TSLA	電動車與能源儲存領域領先企業
NVIDIA	NVDA	GPU 與 AI 晶片領導者
Snowflake	SNOW	雲端資料平台的新興企業
Broadcom	AVGO	高階半導體與通訊晶片製造商（近期替代 Twitter）

表 80-2　00757 的 10 檔重要成分股　　　　　　　　資料來源：統一投信

81

統一 FANG+（00757）的「FANG+」是什麼意思？

00757（統一 FANG+ ETF）是由統一投信發行的海外股票型 ETF，很多學生問我，「FANG+」中的「+」（加號）是什麼意思？它的意思是：代表除了原本的 FANG 四大科技股，還加上其他重要的新經濟公司，一共形成 10 檔超強成長股組合。這就是 00757 ETF 所追蹤的指數內容，也讓它成為一檔集中在「未來趨勢」的代表性投資工具。原本的 FANG 是哪四家公司？請見表 81-1，F = Facebook（現稱 Meta）、A = Amazon、N = Netflix、G = Google（Alphabet）。

加上其他重要公司，形成 10 檔超強組合

那麼，「+」加的是誰？為了讓指數更完整、分散、具有代表性，FANG+ 把其他同樣重要的科技巨頭也加進來，目前包含：Apple（蘋果）、Microsoft（微軟）、NVIDIA（輝達）、Tesla（特斯拉）、Snowflake（雪花，雲端資料平台）、Broadcom（博通，半導體公司）。總之，「FANG+」中的「+」，代表除了原本的 FANG 四大科技股，還加上其他重要的新經濟公司，一共形成 10 檔超強成長股組合。請看表 81-2，這是 00757 追蹤的 ICE FactSet FANG+ 指數的主要特點。

FANG 四大科技股的中文解說

簡稱	公司名稱	中文翻譯
F	Facebook	現名：Meta Platforms, Inc. 簡稱 Meta，專注於社群媒體與元宇宙
A	Amazon	亞馬遜（全球最大電商與雲端運算服務提供商）
N	Netflix	網飛（全球知名的線上影音串流平台）
G	Google	現名：Alphabet Inc. 谷歌公司（現為 Alphabet 的子公司，主營搜尋引擎、YouTube、Android 等）

00757（統一 FANG+ ETF）是一檔由統一投信發行的海外股票型 ETF，追蹤的是 ICE FactSet FANG+ 指數（見表 81-2），主要投資標的是美國最具成長性的大型科技與網路公司。這檔 ETF 讓台灣投資人可以透過台股市場投資到美國一線的科技巨頭

表 81-1　FANG 四大科技股的中文解說　　　　　　　　　　　製表：方天龍

00757 追蹤的 ICE FactSet FANG+ 指數的主要特點

1	僅包含 10 檔美國市場最具代表性、高成長性的新經濟公司股票
2	每一檔股票在指數中的權重均等（每檔約 10%）
3	每季調整一次成分股
4	目標是掌握「下一代科技與網路龍頭」

表 81-2　00757 追蹤的 ICE FactSet FANG+ 指數的主要特點　　製表：方天龍

82

元大 S&P500（00646）是怎樣的一檔 ETF？

　　元大 S&P500 ETF（代碼：00646）是一檔台灣投信公司「元大投信」發行的海外股票型 ETF，成立於 2017 年 6 月，專門追蹤美國最具代表性的股市指數——S&P 500 指數（標普 500 指數）。這是一檔適合長期投資、追求穩健成長的 ETF。投資標的是美國市值前 500 大上市公司（例如：蘋果、微軟、Google、亞馬遜等），涵蓋 科技、金融、醫療、消費、能源等多元產業，被視為美國整體股市的縮影，也是全球最廣泛被追蹤的指數之一。它主要追求資本利得，所以「不定期」配息。

年化波動度穩定，適合長期投資

　　由於它可以讓我們直接參與美國股市，並涵蓋 500 檔大型美股企業、產業多元，所以有分散風險的效果，降低單一公司或產業波動的影響。同時它的費用率相對合理（總管理費用約為 0.36％），適合定期定額、長期投資。據統計，它的「年化波動度」（近一年）約 19.60％，其 Beta 值（5 年）約為 0.96，表示其波動性與市場整體相近。在台灣掛牌交易，投資人可直接以新台幣交易，無需處理外匯相關事宜，操作也很便利。

元大 S&P500（00646）與 00757 的異同

項目	00646（S&P500）	00757（FANG+）
成分數量	約 500 檔	10 檔
產業分布	多元（科技、金融、醫療等）	高集中在科技成長股
風險波動	較低、穩健	較高、成長型
適合對象	保守或穩健型投資人	積極型投資人

表 82-1　元大 S&P500（00646）與 00757 的異同　　　　製表：方天龍

元大 S&P500（00646）近年報酬表現

期間	報酬率（％）
3 個月	8.73
6 個月	14.68
1 年	37.77
2 年	57.49
3 年	57.53
5 年	109.85
成立以來	205.85

表 82-2　元大 S&P500（00646）近年報酬表現（截至 2024 年 11 月）

資料來源：統一投信

83

富邦 NASDAQ-100（00662）是怎樣的一檔 ETF？

富邦 NASDAQ-100 ETF（富邦那斯達克 100 ETF，代碼：00662）是一檔由富邦投信發行的海外股票型 ETF，成立於 2014 年 11 月，主要追蹤美國那斯達克 100 指數（NASDAQ-100 Index），投資標的是美國 Nasdaq 上市的非金融類大型科技與創新企業，讓台灣投資人可以用台幣參與美國科技龍頭股的成長。費用率：0.51%，相較於同類型 ETF 略高，但仍在合理範圍內。它的配息政策是：不定期配息（曾有配息紀錄），配息率約 0.56%。

波動性較大，投資必須具備風險承受能力

00662 追蹤的是 NASDAQ-100 指數，涵蓋美國那斯達克交易所上市的 100 家非金融類大型企業，主要集中於科技、電子商務、醫療保健等領域。成分股包括蘋果、微軟、輝達、亞馬遜、Meta 等全球科技巨頭，具備強大的成長動能。在台灣股市上市，投資人可用新台幣直接交易，免除匯兌及海外稅務申報的困擾。不過，這檔 ETF 的波動性較高，由於科技股本身波動性較大，可能導致 ETF 價格波動劇烈，適合風險承受能力較高的投資人。

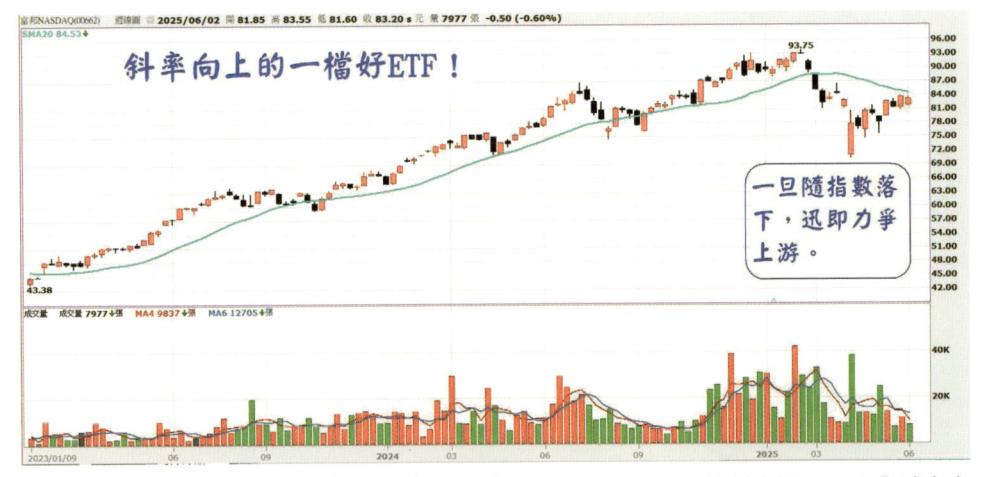

圖 83-1　富邦 NASDAQ-100（00662）的週線圖　　　資料來源：XQ 全球贏家

富邦 NASDAQ-100（00662）近年績效概覽

期間	報酬率（%）
1 年	30.10
2 年	60.20
3 年	72.30
5 年	122.60

表 83-1　富邦 NASDAQ-100（00662）近年績效概覽

資料來源：Morningstar，整理至 2024 年底

84

元大美債 20 年（00679B）值得投資嗎？

元大美債 20 年 ETF（代碼：00679B）是一檔由元大投信發行的債券型 ETF，主要追蹤「ICE 美國政府 20+ 年期債券指數」（註），投資標的為美國政府發行、到期日超過 20 年的長天期固定利率公債。投資它的優點是：❶穩健：適合保守型投資人、退休族。❷季配息機制：現金流穩定，追求定期收益的人喜歡。❸稅務優勢：00679B 由台灣投信發行，幾乎可以免除利息稅負擔。❹操作便利：在台灣市場交易，以新台幣計價，沒有匯兌與海外稅務的繁瑣程序。

長天期債券對利率變動敏感，要小心跌價

這檔 ETF 也不是沒有缺點，尤其是利率風險，長天期債券對利率變動敏感，當利率上升時，債券價格可能下跌，導致 ETF 淨值波動。雖然債券型 ETF 常被說是「穩健」，但近期市場波動劇烈，00679B 的價格波動也大，還是要小心跌價（見圖 84-1）。我們在本書表 79-1 中，把「一萬元入門美股 ETF」組合，列入元大美債 20 年（00679B），安排的金額卻較少，主要是因為它在獲利能力上可能比不上其他幾檔 ETF。請看圖 84-2，元大美債 20 年（00679B）的走勢，遠不如 00646。

（註：「ICE 美國政府 20+ 年期債券指數」（英文：ICE U.S. Treasury 20+ Year Bond Index）是一個專門追蹤美國政府所發行、剩餘到期期間超過 20 年的長天期國債的債券指數。全名中文翻譯：「洲際交易所美國政府 20 年以上期公債指數」。）

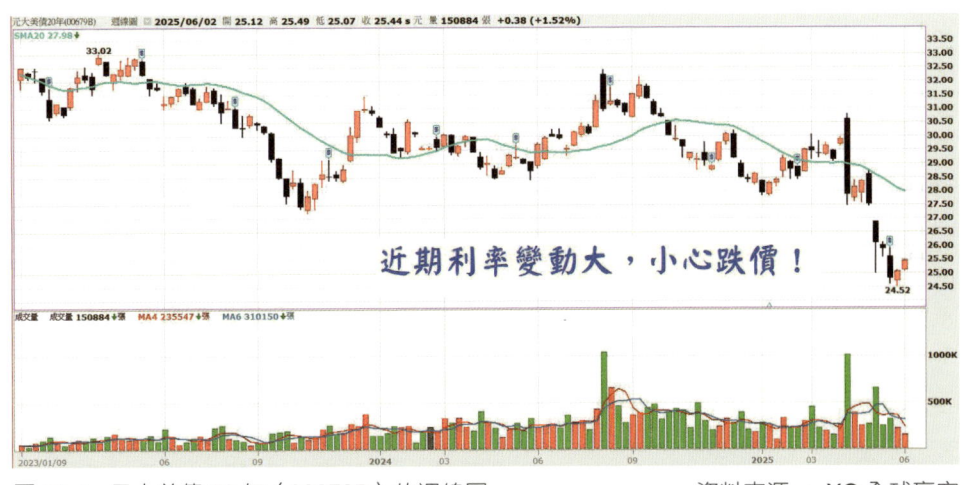

圖 84-1　元大美債 20 年（00679B）的週線圖　　　　　　資料來源：XQ 全球贏家

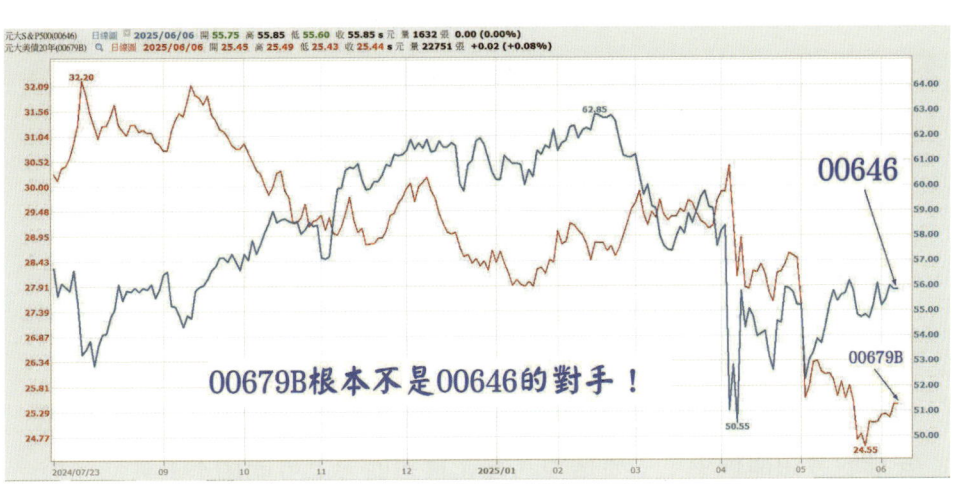

圖 84-2　元大美債 20 年（00679B）的走勢遠不如 00646　資料來源：XQ 全球贏家

PART ⑥　如何不出國買賣海外 ETF

191

85

美股 4 大指數是指哪些？
為何不包括「費城半導體」？

我們通常所說的「美股四大指數」，一般是指：道瓊工業指數（Dow Jones Industrial Average, DJIA）、標準普爾 500 指數（S&P 500 Index）、納斯達克綜合指數（Nasdaq Composite Index）、羅素 2000 指數（Russell 2000 Index），卻不包括台灣投資人很關心的費城半導體指數（Philadelphia Semiconductor Index, SOX），為什麼呢？主要是由於費城半導體指數雖然很有代表性，特別是在科技與半導體領域，但它的覆蓋範圍較窄，產業代表性不夠廣泛。

覆蓋範圍較窄，費半無法代表美國整體市場表現

四大指數各自代表不同層面，如道瓊代表老牌績優股，S&P 500 代表整體美國大企業。Nasdaq 偏重科技，但涵蓋眾多成分股。羅素 2000 代表小型企業。相較之下，費半只涵蓋半導體公司，也就無法代表整體市場表現。雖然費半指數非常關鍵，尤其對科技股走勢敏感，但代表的只是某個產業範圍，因此未被納入「四大指數」。羅素 2000 代表的是美國的小型企業股市，但台灣投資人操作標的多為大型科技股，所以雅虎股市的美股四個指數，不列羅素 2000 指數，反而列入費半指數。

圖 85-1　台灣投資人心中關注度較高的美股「四大指數」　　　資料來源：雅虎股市

如果你想看羅素 2000 的走勢圖，可以去以下平台查看

1	TradingView
2	Yahoo Finance（美國站）
3	MarketWatch
4	Bloomberg
5	Google Finance 搜尋「Russell 2000」

表 85-1　如果你想看羅素 2000 的走勢圖，可以去以上平台查看　　　製表：方天龍

86

兩岸關係緊張，
陸股 ETF 值得注意嗎？

面對兩岸關係緊張的情勢，有沒有必要投資陸股 ETF（中國大陸股票相關 ETF），要特別謹慎評估。但是，如果平心靜氣判斷，陸股長期處於估值偏低的狀態（如上證指數、本益比偏低），對長線投資人具有一定吸引力。尤其某些主題型 ETF（如中國消費、電動車、互聯網）經歷大幅修正後，仍處於低基期。其次，中國政府面臨經濟放緩與資金外流壓力，可能會釋出更多寬鬆政策（降準、降息、刺激內需等），有助短期提振市場信心。

陸股只宜短線操作，政策出現契機才考慮介入

如果真要入手，必須避開敏感產業或台灣連動度高的標的，而選擇一些與兩岸關係風險連動性較小的內需型 ETF，例如：中國消費 ETF（如滬深 300 消費）、A 股醫療、製藥類 ETF 等。請看表 86-1 和 86-2，我們只挑熱門的陸股以及熱門槓桿與反向型陸股 ETF 來觀察。若真要布局陸股 ETF，最好不要單壓中國市場，可同時配置美、台股或全球 ETF 作為對沖。若中方釋出強力救市訊號、政治會議（如中共全會、國務院政策發布），短線可能出現反彈契機，才考慮介入。

熱門陸股 ETF 排行榜

陸股 ETF	追蹤指數	特色
中信中國高股息（00882）	恒生中國高股息率指數	聚焦於高股息的中國企業，適合尋求穩定收益的投資人。2025 年以來，漲幅超過 22%，表現亮眼
富邦上証（006205）	上證 180 指數	涵蓋上海證券交易所市值和流動性最好的 180 家大型企業，代表中國 A 股市場的整體表現
中信中國 50（00752）	MSCI 中國外資自由投資 50 指數	涵蓋中國市場最具代表性的 50 家大型企業，涉及金融、科技、消費品、能源等多個關鍵產業
元大寶滬深（0061）	滬深 300 指數	涵蓋上海和深圳兩地交易所市值最大、流動性最好的 300 家 A 股公司，代表中國 A 股市場的整體表現
國泰中國 A50（00636）	富時中國 A50 指數	專注投資於中國 A 股市場，涵蓋金融、科技、消費、能源等多個重要產業

表 86-1　熱門陸股 ETF 排行榜（截至 2025 年 6 月）　　　　資料來源：《經濟日報》

熱門槓桿與反向型陸股 ETF 排行榜

陸股 ETF	代碼	特色
元大滬深 300 正 2	00637L	追蹤滬深 300 指數的兩倍報酬
中信中國 50 正 2	00753L	追蹤 MSCI 中國外資自由投資 50 指數的兩倍報酬
富邦上証正 2	00633L	追蹤上證 180 指數的兩倍報酬
國泰中國 A50 反 1	00656R	反向追蹤富時中國 A50 指數的每日表現
以上這些 ETF 只宜短期操作，風險較高，需謹慎評估		

表 86-2　熱門槓桿與反向型陸股 ETF 排行榜　　　　資料來源：《經濟日報》

87

韓股對台灣 ETF 有影響嗎？
還有哪些國家有潛力？

韓股（如 KOSPI、KOSDAQ）對台灣 ETF 市場的影響有限，不像美股或陸股具有高度連動性，但以下幾方面可能產生間接影響：❶科技產業供應鏈重疊：台灣與韓國都以科技股為主（如台積電 vs. 三星），全球半導體、面板、5G 供應鏈變化會同步影響兩國股市。投資人可能會拿台韓公司進行比較。❷亞洲新興市場資金流向：國際資金的動態，會影響亞洲區域型 ETF。❸ ETF 產品本身：台灣少數 ETF 可能持有部分韓國成分股，但純韓股 ETF 在台灣並不多，也不具有主流地位。

印度、越南、日本，未來被看好具有投資潛力

全球除美股、陸股外，還有哪些具有潛力的地區？印度（India）、越南（Vietnam）、其他新興市場（拉美、中東）、日本（Japan），是被看好的地區。請看表 87-2，台灣可投資的各地域 ETF 概覽，以及投資主題、適合投資人類型，筆者都已整理在這個表格中。其中拉美，是指拉丁美洲。為何會注意「拉美」呢？因為巴西、智利出口鐵礦、銅、大豆等原料，受惠於全球商品價格上漲。墨西哥是美國重要的製造基地（汽車、電子），受美墨貿易協議支持。

全球除美股、陸股外,其餘具有潛力的地區

國家	優勢	台灣相關 ETF
印度	人口紅利、消費升級、科技與製造業興起（如 Tata、Infosys）	00920：國泰印度 ETF（追蹤 Nifty 50） 00894B：中信印度政府債券 ETF
越南	中國 +1 製造基地、年輕人口結構、經濟快速成長	00885：富邦越南 ETF（追蹤富時越南指數）
其他新興市場（拉美、中東）	例如巴西、墨西哥、沙烏地阿拉伯等 原物料、能源資源豐富，資金會根據商品價格波動進出	可透過 MSCI 新興市場 ETF（如 0061 元大寶滬深）或全球 ETF 間接參與
日本	通縮時代結束、企業治理改善、資金回流持續發酵	台灣較少純日股 ETF，但可留意全球型 ETF 中的日本比重（如 VT）

表 87-1　全球除美股、陸股外，其餘具有潛力的地區

資料來源：《經濟日報》、《工商時報》

投資地域台灣是否有 ETF 的概覽

區域	投資主題	台灣是否有相關 ETF？	適合投資人類型
美股	科技、AI、全球龍頭	多檔原型／槓桿型	穩健～積極型
陸股	政策循環、基建	多檔指數型	中性～積極型
印度	消費、人口紅利	國泰印度等	長期成長型
越南	中國 +1、外資製造業	富邦越南 ETF	成長型、偏風險承擔
韓股	半導體、汽車、化工	相關 ETF 不多	間接關注即可
拉美／中東	原物料、能源	台灣無純 ETF	高波動風險型

表 87-2　投資地域台灣是否有 ETF 的概覽　　資料來源：《經濟日報》、《工商時報》

88

ETF 和 ETF 期貨有什麼不同？
分別在哪裡買賣？

ETF（交易所交易基金）和 ETF 期貨是兩種不同的金融工具，各有特性與交易方式。ETF 是一種在證券交易所上市交易的基金，追蹤特定指數（如台灣 50 指數、S&P 500、NASDAQ 等）或資產（如黃金、原油、債券）的表現。而 ETF 期貨卻是以某檔 ETF 為標的的衍生性金融商品，是合約，而不是資產。買賣雙方約定在未來某個時間，以某個價格買賣。ETF 可透過證券商在交易所買賣；而 ETF 期貨則是透過期貨商或同時提供期貨服務的券商，在期貨交易所買賣。

ETF 可配息可長抱，ETF 期貨不配息也只能做短

ETF 通常會配息（如有收益），適合長期投資與資產配置，且通常不具槓桿效果。而 ETF 期貨的特點，則是具備槓桿效果（可用小額資金控制大額部位），也有「到期日」（通常每個月的第三個星期三必須結算，你如果想繼續持有，要換成下一個月的合約，這叫做轉倉，不像 ETF 可以長期持有）。由於槓桿大（約為個股的七倍），所以風險與報酬都較高。在行情不佳或個股轉弱時，可做多也可做空。ETF 期貨不配息，僅適合短線操作。

ETF 和 ETF 期貨的比較

項目	ETF	ETF 期貨
商品本質	現貨資產（基金持有一籃子股票）	衍生性商品（合約，未持有標的）
買賣市場	證券交易所（TWSE）	期貨交易所（TAIFEX）
標的	ETF 追蹤指數	期貨追蹤 ETF 價格
是否槓桿	否（全額買進）	是（保證金交易，槓桿約 5~10 倍）
最小單位	1 股（實務上 1 張 =1,000 股）	1 口期貨合約
交易時間	9:00 至 13:30（一般交易）	8:45 至 13:45 & 夜盤 15:00 至隔日 05:00
到期日	無（可長期持有）	有（每月到期一次）
做空機制	融券放空（受限）	可直接放空期貨
配息	有可能（依基金操作）	無（純價格波動）
適合族群	長期投資者、定期定額者	短線交易者、避險者

表 88-1 ETF 和 ETF 期貨的比較　　　　　　　　　　　　製表：方天龍

ETF 和 ETF 期貨的適合對象

投資人類型	適合的商品	原因
初學者、長期投資者	0050 ETF	穩定、簡單、不需時常盯盤
進階投資人、波段操作者	台灣期貨（TX／MTX）	可靈活運用槓桿與避險策略
想避開配息課稅者	期貨	無配息、無股利稅
想要定期定額投資者	0050 ETF	可設自動定期定額計畫

表 88-2 ETF 和 ETF 期貨的適合對象　　　　　　　　　　製表：方天龍

89

元大台灣 50（0050）和
台灣 50 期貨 ETF 的獲利比較

很多學生搞不清楚元大台灣 50（0050）和元大台灣 50（0050）ETF，是一樣的東西嗎？

是的，「元大台灣 50（0050）」和「元大台灣 50 ETF」指的是同一個商品，只是表述方式不同而已。元大台灣 50（0050）是簡稱，講的是這檔 ETF 的名稱與代碼（元大發行，追蹤台灣 50 指數），元大台灣 50 ETF 強調這是一檔 ETF（交易所交易基金）。0050 是股票代號，用於下單交易與查詢。事實上，它們全都是：元大台灣 50 ETF（代碼：0050）。

0050 也有期貨，依保證金多寡分兩種

至於台灣 50 期貨（台股指數期貨之一，以 0050 為追蹤標的），是在台灣期貨交易所買賣，由於保證金不同，又分為兩種：❶元大台灣 50ETF 期 065，代碼是 FINYFN06，想買它，須先在期貨帳戶存入保證金 157,000 元。保證金比較高，意味著成本高，但若有獲利，賺的也較多。❷小型元大台灣 50ETF 期 065，代碼是 FISRF06，想買它，只需要先在期貨帳戶存入保證金 15,700 元即可，所以小資族多半操作小型的期貨。

元大台灣 50（0050）和台灣 50 期貨 ETF 交易特性比較

特性	0050（ETF）	台灣 50 期貨（TX／MTX）
交易時間	與台股相同（9:00 至 13:30）	延長（8:45 至 13:45 及夜盤 15:00 至次日 5:00）
買賣方式	現股買賣	期貨合約交易
保證金	無（全額買入）	有（保證金制度，槓桿約 10 倍）
最小單位	1 股，通常一張為 1,000 股	一口（TX）、小型期貨（MTX）單位較小
是否槓桿	否（買多少資金就持有多少）	是（小額資金控制大部位）
配息	有機會（依基金收益分配）	無（純價格波動合約）
到期日	無（可長期持有）	有（每月第三個週三結算）

表 89-1　元大台灣 50（0050）和台灣 50 期貨 ETF 交易特性比較　　製表：方天龍

用 180 元買 0050 兩張和買台灣 50 期貨 ETF 一口，都賣在 200 元的結果比較

項目	ETF 現貨（2 張）	ETF 期貨（1 口）
成本投入（資金）	180×2,000 = 360,000 元	約 36,000 元（保證金）
價差獲利	40,000 元	40,000 元
交易成本總額	約 1,483 元（只是概算）	約 150 元（只是概算）
淨獲利	約 38,517 元	約 39,850 元
報酬率（投入成本）	約 10.7%	約 110.7%
配息	有	無
強制平倉風險	無	有（保證金不足）
結論	❶如果單就「淨利金額」來看，兩者接近　❷但若考慮「資金效率」，ETF 期貨用更少的錢賺到同樣金額，報酬率大幅提升（也伴隨高風險）	

表 89-2　用 180 元買 0050 兩張和買台灣 50 期貨 ETF 一口，都賣在 200 元的結果比較　　製表：方天龍

90

0050 和台灣 50 期貨 ETF 逆勢下跌的損失比較

在股市，永遠不要問自己「能贏多少」，而要問「能輸多少」。投資股票最要緊的一個簡單公式：「輸得起，才贏得起」。能在股市中笑傲江湖，還是變成血染沙場？關鍵只有兩點：第一點是「風險管理」，包括設定停損點、出場條件及資金管理；第二點是「心態」，能戰勝貪婪與恐懼的人，才能成為贏家。在股市絕沒有免費的午餐，還需要擔負盈虧風險。所以要認清金融工具實際對你的「助力」有多少，同時認清自己的「能力」有多大、適不適合操作？

加上配息彌補損失，比期貨有利

2025 年 4 月 7 日台股遇到「全面跌停」的股災，給了我們一個啟示：「生存是很重要的。絕不能為了賺錢，而賠上被徹底摧毀的風險。」現在我們就來以 0050 和台灣 50 期貨 ETF 在逆勢下跌的情境下比較其損失。假設我們買 20 張 0050 和台灣 50 期貨 ETF10 口（一口等於兩張），價位設定為 180 元買進，結果遇股災，全賣在跌停板 162 元。我們經過計算發現：買 ETF 安全性較高，風險穩定可控，損益經配息彌補損失只剩 -8.8％；而買期貨者不但易爆倉，甚至因跌停導致無法平倉，須待次日才能賣出，損失可能更大。

多張 ETF 與多口期貨 ETF 交易者的部位管理

項目	ETF（20 張）	ETF 期貨（10 口）
成本投入	高（全額 360 萬）	低（保證金約 36 萬）
槓桿風險	無槓桿，資金占用大	高槓桿，報酬與風險放大
跌停損失率	-10.2%（穩定）	-102%（保證金爆倉）
可否長期持有	可存股領息	有結算與風險壓力
心理壓力	低（不易強平）	高（需盯保證金與波動）
分批加碼策略	彈性調整	每口單位大，缺乏彈性、不容易微調、操作幅度受限
適合對象	穩健型、長期投資者	高風險承受者、短期操作者

表 90-1　多張 ETF 與多口期貨 ETF 交易者的部位管理　　製表：方天龍

加上配息後的調整（只適用 ETF）

項目	數值
配息收入	20,000 股 × 2.5 = 50,000 元
調整後總損失	368,100 - 50,000 = 318,100 元
實質報酬率	-318,100 ÷ 3,600,000 ≈ -8.8%
配息的助益	有效緩衝現貨投資損失
反觀 ETF 期貨	無配息收入，實虧更大（爆倉跌停無法平倉，須待次日殺出虧更多）

表 90-2　加上配息後的調整（只適用 ETF）　　製表：方天龍

91

台灣的夜盤，
包括哪些 ETF 股票期貨？

　　「夜盤」是台灣期貨市場的重要機制，對 ETF 投資者來說具有特別的意義。夜盤正式名稱是「盤後交易時段」，它每天的交易時間是：台指期（大台、小台、微台）從下午 3 時開始到次日早上 5 時。此外，台積電期、小型台積電期、聯電期、元大台灣 50ETF 期、小型元大台灣 50ETF 期、元大美債 20 年期，都是從下午 5 時 25 分開始，到次日 5 時。請看圖 91-1，這是筆者操作夜盤的版面，其中只有元大台灣 50ETF 期、小型元大台灣 50ETF 期、元大美債 20 年期等三檔，與 ETF 有關。

遇到重大訊息，三檔 ETF 有機會避險

　　一般 ETF（例如 0050、00679B 等）無法在夜盤交易，僅限證券交易所日盤時間（9:00 至 13:30），萬一有重大訊息，投資人是無法在晚上調整 ETF 部位的。但是有些 ETF 期貨，例如 0050（元大台灣 50ETF 股票期貨）、00679B（元大美債 20 年股票期貨）可以在美債波動劇烈的夜間市場中調整部位，用期貨進行避險、放空、加碼操作等。例如想在美股開盤時保護 0050，夜盤可以模擬 0050，下跌時可避險；手上有 00679B 面臨美債下跌風險時，可在夜盤的元大美債 20 年股期賣出或放空。

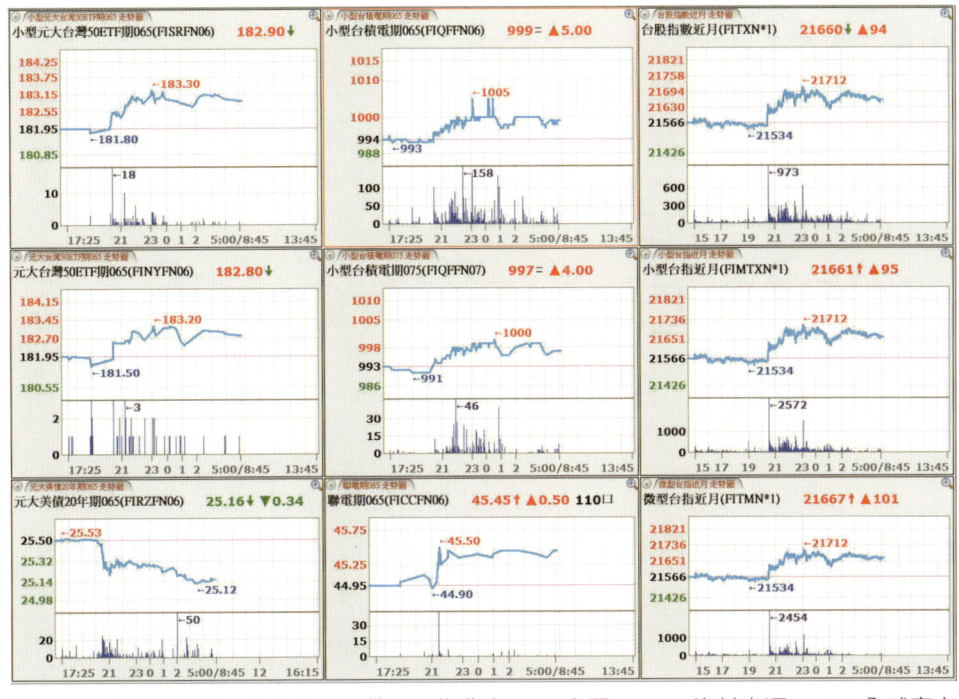

圖 91-1　夜盤的版面，其中左側三檔股票期貨與 ETF 有關　　　資料來源：XQ 全球贏家

ETF 投資人「間接利用夜盤」避險的方法

需求或情境	可採用方式	原因
在美股開盤時保護 0050	做空元大台灣 50 股期	夜盤可以模擬 0050，下跌時可避險
手上有 00679B 怕美債崩	夜盤賣出元大美債 20 股期	可對沖現貨風險，平衡帳面損益
想操作美債利率變化	夜盤做多或放空 RZF	利用夜盤事件操作
槓桿或保證金交易策略	用 ETF 期貨避險	槓桿高、資金效率高

表 91-1　ETF 投資人「間接利用夜盤」避險的方法　　　製表：方天龍

PART ⑥　如何不出國買賣海外 ETF

92

什麼是「大台」、「小台」、「微台」？如何觀察它們，以便操作 ETF？

「大台、小台、微台」是台灣期貨市場中對不同規模的台股指數期貨合約的俗稱，不做台指期的人也該懂一點。大台就是「台灣加權指數期貨」，小台就是「小型台指期貨」，微台是比小型更小的「微型台指期貨」。大台一點 200 元，小台一點 50 元，微台一點 20 元，這是不變的，但保證金一口多少元是會隨時機變動的。透過台指期的數據，我們可以觀察並從中獲得操作 ETF 的靈感。因為 0050 是以台灣前 50 大市值公司為成分股，所以與大盤指數高度相關。

ETF 現貨無夜盤，但從夜盤可略見端倪

台指期在夜盤或開盤前急跌 → 可提早預警現貨 0050 將下跌。至於夜盤的觀察 → 則有助於隔日盤前 ETF 的判斷。ETF 現貨無夜盤，但大台、小台、微台都有夜盤（15:00 至 05:00），可用來：夜間觀察盤勢（如美股下跌 → 台指期夜盤同步走弱），預判明日 0050 開盤情況，同時也可以搭配美債 ETF 期貨，來分析全球風險氛圍。如果你持有 0050 多張，且預判大盤會跌，可以在夜盤放空小台或微台 → 對沖風險，等待現貨 ETF 回穩後再平倉避險部位。

ETF 利用期貨觀察判斷走勢的思維

時間	台指期夜盤走勢	判斷	0050 可能反應
21:30	台指夜盤大跌 100 點	美股開低，台股氣氛轉空	隔天 0050 開低機率高
01:00	台指夜盤反彈	美債殖利率回穩，市場信心稍回	隔天 0050 可能持平
清晨 05:00	台指夜盤收高 80 點	國際反彈，台股相對強勢	0050 可能跳空開高

表 92-1　ETF 利用期貨觀察判斷走勢的思維　　　　　　製表：方天龍

ETF 與台指期的互補關係

應用場景	使用的工具	功能
盤中判斷走勢	小台、大台、微台	即時觀察多空氣氛
夜盤提前預測明日	小台或微台夜盤	幫助 ETF 操作做預警或調整
對沖 0050 部位風險	放空小台或微台	槓桿高，可避險或增加部位彈性
資金有限、只想練習	微台	單口槓桿小，適合新手練單

表 92-2　ETF 與台指期的互補關係　　　　　　　　　　製表：方天龍

台灣廣廈 國際出版集團
Taiwan Mansion International Group

國家圖書館出版品預行編目（CIP）資料

100張圖學會ETF穩穩賺：關於交易所交易基金的正確知識、技
術線型、操作方法 / 方天龍 著，
-- 初版. -- 新北市：財經傳訊, 2025.07
　面；　　公分. --（through;31）
ISBN 978-626-7197-99-8（平裝）
1.CST: 基金　2.CST: 投資

563.5　　　　　　　　　　　　　　　　　　114006461

財經傳訊
TIME & MONEY

100張圖學會ETF穩穩賺：
關於交易所交易基金的正確知識、技術線型、操作方法

作　　　者／方天龍

編輯中心／第五編輯室
編　輯　長／方宗廉
封面設計／林珈仔
製版・印刷・裝訂／東豪・弼聖・秉成

行企研發中心總監／陳冠蒨　　　　線上學習中心總監／陳冠蒨
媒體公關組／陳柔彣　　　　　　　企製開發組／張哲剛
綜合業務組／何欣穎

發　行　人／江媛珍
法　律　顧　問／第一國際法律事務所 余淑杏律師・北辰著作權事務所 蕭雄淋律師
出　　　版／台灣廣廈有聲圖書有限公司
　　　　　　地址：新北市235中和區中山路二段359巷7號2樓
　　　　　　電話：（886）2-2225-5777・傳真：（886）2-2225-8052

代理印務・全球總經銷／知遠文化事業有限公司
　　　　　　地址：新北市222深坑區北深路三段155巷25號5樓
　　　　　　電話：（886）2-2664-8800・傳真：（886）2-2664-8801
郵　政　劃　撥／劃撥帳號：18836722
　　　　　　劃撥戶名：知遠文化事業有限公司（※單次購書金額未達1000元，請另付70元郵資。）

■出版日期：2025年07月
ISBN：978-626-7197-99-8　　　版權所有，未經同意不得重製、轉載、翻印。